SÍMBOLOS CRISTÃOS
OS SACRAMENTOS COMO GESTOS HUMANOS

Coleção Celebrar

- *A arte floral a serviço da liturgia* - Jeanne Emard
- *A fé celebra a vida* - Frei Benjamim Berticelli
- *A missa: Memória de Jesus no coração da vida* - Ione Buyst
- *Celebrar com símbolos* - Ione Buyst
- *Celebração do Domingo ao redor da Palavra de Deus* - Ione Buyst
- *Festa do Batismo: Da vivência de rua à vida em comunidade* - Ione Buyst e Equipe da Casa das Mangueiras
- *Preparando a Páscoa: Quaresma, Tríduo Pascal, Tempo Pascal* - Ione Buyst
- *Preparando Advento e Natal* - Ione Buyst
- *Símbolos cristãos: Os sacramentos como gestos humanos* - Michel Scouarnec
- *Símbolos na liturgia* - Ione Buyst
- *Sinais, palavras e gestos na liturgia* - Balthasar Fischer

Michel Scouarnec

SÍMBOLOS CRISTÃOS
OS SACRAMENTOS COMO GESTOS HUMANOS

Dados Internacionais de Catalogação na Publicação (CIP)
(Câmara Brasileira do Livro, SP, Brasil)

Scouarnec, Michel
  Símbolos cristãos: os sacramentos como gestos humanos /
Michel Scouarnec; [tradução Marisa do Nascimento Paro]. —
São Paulo: Paulinas, 2001. — (Coleção Celebrar)

  Título original: Les symboles chrétiens: les sacraments ne
sont pas étranges.
  Bibliografia.
  ISBN 85-356-0727-7

  1. Sacramentos – Igreja Católica 2. Sacramentos – Liturgia –
3. Signos e símbolos – Aspectos religiosos I. Título. II. Série

01-5681   CDD-264.025

Índice para catálogo sistemático:

1. Sacramentos: Igreja Católica: Cristianismo
   264.025

Título Original: Les Symboles Chrétiens: les sacraments ne sont pas étranges
© Les Éditions de l'Atelier, Paris, 1998

Tradução: *Marisa do Nascimento Paro*
Foto de capa: Hedwig Knist – Casa de oração do Povo da Rua – São Paulo (SP)
Citações bíblicas: *Bíblia Sagrada* – Edição Pastoral. São Paulo, Paulus, 1990

2ª edição – 2004

Nenhuma parte desta obra poderá ser reproduzida ou transmitida por
qualquer forma e/ou quaisquer meios (eletrônico ou mecânico, in-
cluindo fotocópia e gravação) ou arquivada em qualquer sistema ou
banco de dados sem permissão escrita da Editora. Direitos reservados.

Paulinas
Rua Pedro de Toledo, 164
04039-000 – São Paulo – SP (Brasil)
Tel.: (11) 2125-3549 – Fax.: (11) 2125-3548
htpp://www.paulinas.org.br – editora@paulinas.org.br
Telemarketing e SAC: 0800-7010081

© Pia Sociedade Filhas de São Paulo – São Paulo, 2001

Aos amigos da revista
Points de Repère,
graças aos quais este livro ganhou forma.

PREFÁCIO

Na década de 1970, os setores mais "missionários" da Igreja francesa tomaram distância em relação a uma pastoral centrada no culto e na prática sacramental. Por outro lado, desenvolveram uma pastoral mais voltada para o envolvimento militante, mobilizado pela urgência de transformação da sociedade. Como escreveu então Michel Scouarnec, "preocupados com as questões novas originadas em virtude da descrença, do afastamento de homens e de mulheres, de classes sociais em relação à Igreja e a Jesus Cristo, muitos cristãos dedicaram suas reflexões às condições da evangelização atual. O culto, que antes ocupava o primeiro plano do palco e o essencial do campo das atividades eclesiásticas, se encontrou bem desvalorizado, na verdade, desacreditado e relegado ao depósito de acessórios". Ora, indo em seu encalço, redescobrimos que a "ritualidade sob suas diversas formas está presente e é parte constituinte de toda experiência humana".

Essas linhas foram extraídas de *Vivre, croire, célébrer* [Viver, crer, celebrar], obra publicada em 1983 e que se tornou *best-seller*, emprestando seu nome a uma coleção cujo sucesso não é preciso demonstrar. Elas definem a orientação maior de Scouarnec em seu trabalho de escritor assessor e, enfim, de editor; contudo, não nos esqueçamos de sua contribuição como autor de textos litúrgicos para paróquias e movimentos eclesiais. Sem descanso, ele tem procurado reconciliar aquilo que temos tendência a opor: "A vida, a fé, a celebração". Segundo um modo de agir que se tornou familiar para nós, ele nos permitiu medir os perigos que corre o cristianismo moderno quando reduz a fé às únicas dimensões da convicção e da exigência ética, negligenciando a significação fundamental dos ritos na existência dos homens e da sociedade. Graças a ele, entre outros,[1] com-

---

[1] Não nos esqueçamos aqui das contribuições de Jean-Yves Hameline, Paul de Clerck e, sem dúvida, Louis-Marie Chauvet.

preendemos novamente que a vida deve ser desfrutada e que os grandes ideais se tornam áridos quando não haurem de suas fontes fundadoras onde a vida se deixa provar como dom.

Mas, essa tomada de consciência ainda não é suficiente para renovar nossas comunidades. Para suscitar "uma prática comum significativa", será preciso dar um passo a mais e restabelecer, com os símbolos da fé, uma familiaridade perdida. Segundo me parece, é isso que se objetiva na presente obra, que tenho, com este prefácio, a honra de apresentar. Quinze anos após *Vivre, croire, célébrer* a convicção não mudou, mas se enuncia em outro tom. Menos preocupado em demonstrar que temos necessidade de ritos para viver como seres humanos e de sacramentos para viver como fiéis, Scouarnec torna-se aqui iniciador e propõe-nos revisitar os tesouros da tradição.

Sob sua guia os leitores apreciarão novamente a coerência que reata:

- as atitudes humanas mais elementares (vestir-se e despir-se, beber da fonte ou rolar pelas ondas, sofrer e desejar, nascer e morrer);
- as figuras bíblicas mais fundamentais;
- os gestos esquecidos da liturgia.

Na medida em que eles se esclarecem mutuamente, descobrimos como, no movimento da liturgia em que a palavra ganha corpo e nos afeta, não se propõe senão que aprendamos a nos ater e a nos arriscar, no campo da existência, ao chamado e à graça de Deus.

*Henri-Jérôme Gagey**

---

* Professor de Teologia no Instituto Católico de Paris.

INTRODUÇÃO

O QUE É UM SÍMBOLO?

As palavras adquirem sentido segundo o modo como são empregadas e o contexto em que são utilizadas. A palavra "símbolo" é muito antiga e conheceu diversas acepções ao longo de sua evolução. Atualmente, é empregada para designar um objeto vinculado à identidade, à pertença social, à história de uma pessoa ou de um grupo: emblema ou insígnia, vestimenta, monumento ou edifício etc. Também pode qualificar um gesto investido de alguma significação particular: saudar, decorar com flores, desfilar, fazer um depósito etc. Certas pessoas podem ser símbolos para seu país, para a humanidade, enquanto vivos ou após a morte.

Com freqüência, os termos "símbolo" e "signo" são usados indistintamente, quer se trate de uma palavra, de um pictograma, de um logotipo ou de um ícone em informática. Percebe-se claramente que tais empregos podem prestar-se à confusão e que o símbolo é logo encarado com seriedade por dizer respeito aos aspectos mais profundos da humanidade (seu mistério, suas origens e seu fim, sua história...) ou, ao contrário, por se referir ao que reveste de importância secundária, ao que é útil, porém não muito sério. Quando somos condenados apenas a fazer um depósito simbólico, é *pro forma* e nada nos custa.

Aqui, entendemos a palavra "símbolo" em seu sentido mais forte, vinculado à sua etimologia. O verbo grego *sunballein* quer dizer "justapor": unir, recompor elementos disjuntos, separados, diferentes, para que daí surja sua unidade, sua coerência, seu sentido. O símbolo é, portanto, operador e revelador de reconhecimento, de relação, de aliança. São Lucas escreve ao final da narrativa sobre o nascimento de Jesus: "Maria, porém, conservava todos esses fatos, em seu coração, procurando-lhes o sentido" (Lc 2,19). "Procurar o sentido" traduz aqui a palavra grega empregada pelo evangelista: *sunballein*. Que sentido estabelecer entre todos os eventos que lhe coube viver?

Antes de morrer, Tobit, o sábio deportado, confia ao filho Tobias seu testamento espiritual e o envia para recuperar uma soma de dinheiro outrora depositada na Média.

> Tobias perguntou a seu pai: "Meu pai, vou fazer tudo o que o senhor me mandou. Mas como posso recuperar esse dinheiro? Gabael não me conhece e eu não o conheço. Que sinal posso dar-lhe para que ele me reconheça, acredite em mim e me entregue o dinheiro? Além disso, não conheço o caminho para ir até a Média". Tobit respondeu: "Gabael me deu um documento e eu dei outro a ele. Dividi o documento em duas partes, e cada um ficou com uma delas. Uma parte, eu deixei lá com o dinheiro, e a outra está comigo. Já se passaram vinte anos, desde que eu depositei esse dinheiro! Agora, meu filho, vá procurar uma pessoa de confiança que possa acompanhá-lo na viagem, e nós pagaremos a ela quando vocês voltarem. Vá e recupere esse dinheiro que está com Gabael" (Tb 5,1-3).

Essa narrativa descreve uma ação simbólica. Por ocasião de um pacto, de uma aliança, após a assinatura de um ato, os parceiros se comprometeram mutuamente, rasgaram-no, e cada um ficou com uma metade, como um elemento de quebra-cabeça. Quando eles ou seus descendentes se reencontrarem, a união das duas metades fará aparecer a unidade do documento ou do objeto que atesta o pacto comum. O símbolo permitirá o reconhecimento recíproco, bem como sua identificação como parceiros e solidários do compromisso comum. Os símbolos, portanto, são coisas, gestos e palavras que fazem de nós aliados e parentes, permitindo que nos reconheçamos como tais. Eles nos tornam pessoas vinculadas, membros de famílias, de grupos, de comunidades humanas, tendo em comum uma história, valores, costumes, ritos, monumentos... Aqui, damos novamente ao símbolo toda a sua consistência e o seu realismo. O mais real de todo ser humano não é, em primeiro lugar, o que faz dele um ser de memória, um ser de aliança e, portanto, um ser simbólico, ligado aos outros (ancestrais, pais, amigos, cônjuge, filhos...) e ao mundo de maneira única e específica? Como, em nossa cultura, damos prioridade — a bem dizer, exclusividade — a uma abordagem materialista, mercantilista, para explicar a vida e as relações, desvalorizamos e até perdemos sua dimensão simbólica.

Na linguagem teológica, a palavra "símbolo" foi desvalorizada e, às vezes, colocada sob suspeita, particularmente após a escolástica e os tempos modernos. Foi oposta à palavra "real", por exemplo, quando se falava da presença de Cristo na eucaristia. Uma presença simbólica, à imagem da quantia simbólica, foi percebida como praticamente sem consistência. Essa desvalorização desenvolveu-se em uma cultura que dava prioridade aos fenômenos físicos, às explicações racionais, às lógicas da utilidade e da produção, bem mais que à gratuidade e ao mistério. Ela encontrou uma ramificação na linguagem catequética: os sacramentos, ações simbólicas por excelência, foram abordados e valorizados pela seriedade de sua eficácia de "produção e aumento" da graça, e do empenho moral ou eclesiástico que se supunha da parte daqueles que os recebiam ou que deviam produzir neles. A dinâmica da Aliança, fundamental na Escritura e nos primórdios da Igreja, ficava um pouco enfraquecida, e os símbolos da Aliança eram reduzidos a "sinais sensíveis instituídos por Cristo que produzem ou aumentam a graça", na medida em que fossem estabelecidos de maneira válida e legítima.

> Do mesmo modo, observa-se a naturalização gradual da mensagem religiosa, sob a influência direta de Jean-Jacques Rousseau, como forma de conter sua influência: sem medir as implicações e menos ainda os efeitos de sua atitude, os catequistas admitem definir o mistério mais como aquilo que é incompreensível à razão do que como riqueza inesgotável; mais como exceção às leis da natureza do que como sinal. Percebe-se ainda no século XIX a armadilha do movimento que tenderá a degradar pouco a pouco a educação da fé em educação do comportamento e a religião em moral. Vê-se também como a adoção de uma divisão tripartite para a apresentação do catecismo verdades nas quais acreditar, mandamentos a praticar, sacramentos a receber —, ao relegar estes ao terceiro lugar, teve por efeito rebaixá-los à condição de meios em relação aos deveres a observar, a obliterar sua significação e a fazer esquecer o papel essencial que eles desempenham na participação dos homens na própria vida de Deus.[2]

---

[2] RÉMOND, René. Prefácio. In: GERMAIN, Élisabeth. *Langages de la foi à travers l'histoire*. Paris, Fayard-Mame, 1972.

Esta obra propõe o restabelecimento de uma maneira tradicional de abordar os símbolos cristãos. Utilizaremos abordagens diversas e complementares e faremos um trabalho simbólico, um trabalho de tecelão para associar em nosso texto os fios da simbólica humana fundamental e os fios da tradição cristã; os fios de uma reflexão teórica e os fios da ação litúrgica. Os símbolos cristãos, poder-se-ia dizer os sacramentos cristãos — as duas palavras com freqüência foram empregadas indistintamente nos primórdios da Igreja —, são antes de tudo realidades humanas que se tornam portadoras e reveladoras do mistério de Deus. Visto que, em Jesus Cristo, Deus entrou na humanidade, não podemos buscar sua significação sem levar a sério sua consistência humana. Foi falando aos homens sobre as coisas da terra, vividas em sua humanidade, que Jesus nos contou as coisas do céu e nos revelou em que mistério de amor elas se originaram (cf. Jo 3,12).

Observações preliminares e chaves de leitura

Este livro não é um dicionário de símbolos

Há inúmeros dicionários de símbolos. Com freqüência, eles levam em conta a significação cristã de palavras, de coisas, de gestos, situando-a em relação a outras significações humanas ou religiosas. Nós nos limitamos aos grandes símbolos cristãos, àqueles que se desenvolvem na catequese e na liturgia e que constituem os sacramentos. Nossa abordagem, portanto, não é apenas a de um dicionário que se contenta em dar a significação das palavras e das coisas. Ela pretende ser mais simbólica do que alegórica. O símbolo tem mais que ver com a dinâmica do eu profundo da pessoa, com seu envolvimento, com o estabelecimento de uma relação com Deus ou com Cristo, do que com uma explicação das coisas ou das palavras que mobilizam apenas a compreensão. O símbolo se assemelha à parábola dos evangelhos. Ao falar por parábolas, Jesus quer suscitar naquele que escuta o movimento do coração e o reconhecimento da fé. Quando os discípulos lhe pedem que explique uma parábola, ele se situa mais sobre o plano da alegoria, ou seja, da explicação de cada elemento, de cada detalhe, para fazê-los corresponder a um aspecto preciso. Isso pode reduzir a perspectiva e fazer da palavra um procedimento para ensinar ou moralizar. Crer que Jesus é o Semeador, por exemplo, e que ele semeia a Palavra, quaisquer que sejam aqueles que a recebam, é fundamental em relação a uma significação precisa de espinhos ou de pedrinhas... A alegoria explica e arrisca-se a restringir o sentido. A parábola conta uma história, e cabe ao ouvinte se reconhecer, ouvir se tiver ouvidos. A iniciação cristã é antes de tudo simbólica e não pode se reduzir a explicações intelectuais, por mais necessárias que sejam. Ela se refere ao ser profundo, à experiência vivida.

Signo e símbolo

Como definir o signo e o símbolo pela sua reciprocidade? Digamos, em primeiro lugar, que são inseparáveis e que não se pode contrapô-los. O signo, quer se trate de uma palavra, de uma imagem, de um gesto, de um objeto, de uma pessoa, visa antes de mais nada informar, fazer compreender, explicar. Ele "designa". Para ser eficaz, é preciso que seja claro. O signo aciona a inteligência racional para compreender ou agir. Quanto ao símbolo, ele visa estabelecer uma relação entre pessoas que se comunicam, que interagem, que se entretêm. Mobiliza não apenas a inteligência racional, mas também e, sobretudo, o corpo e a inteligência prática, a inteligência do coração, da sensibilidade. O símbolo afeta a pessoa em sua vinculação com aqueles com quem ela se comunica. Quando vemos uma bandeira de determinadas cores, reconhecemos a bandeira de um país (*signo*). Porém, quando se hasteia essa bandeira em um estádio olímpico, por ocasião da vitória de um atleta, este chora de emoção, e os telespectadores também se comovem, pois, mais ainda que a bandeira, é o atleta que se torna símbolo para eles (*símbolo*). Para os não-nacionais, na época da Copa do mundo de futebol, a bandeira era sobretudo um signo. No entanto, os nacionais, no dia da vitória de sua seleção, carregaram-na, agitaram-na, brandiram-na como um poderoso símbolo de identidade, de pertença, de integração, de orgulho e de júbilo — ainda que para um bom número deles, até aquele momento, talvez não passasse de um signo indicador de que um edifício era a prefeitura ou uma delegacia.

Não se pode contrapor signo e símbolo. É quase impossível participar de uma ação simbólica, de uma celebração, se não se compreende nada e se não se conhece ninguém. Em toda conversa, em toda comunicação, signo e símbolo estão estreitamente ligados. Quando um professor (de matemática ou de teologia) ou um técnico dá uma aula ou faz uma demonstração, o elemento dominante é o signo. Eles desejam transmitir algo, embora a dimensão simbólica não esteja ausente (relação de cada aluno com o professor, com o grupo que escuta, interesse ou paixão por aquilo que é explicado...). Quando dois amigos se encontram e bebem alguma coisa, o elemento dominante é o símbolo. Eles estão contentes por se reverem, cumprimentam-se, abraçam-se, brindam, riem e falam alto. Entretanto, o signo não está ausente, pois eles têm mil coisas a dizer e, talvez, a explicar um ao outro. A linguagem corrente emprega freqüentemente as palavras "signo" e "símbolo" uma pela outra.

Também não se pode considerar o simbólico e o irracional como sinônimos. O irracional está presente no ser humano. Ele se insere em seu imaginário, em sua capacidade de sonhar, de devanear, de ter visões, de ser criativo e, às vezes, de delirar, quando confunde seus sonhos com a realidade. A função do símbolo é ajustar o ser humano ao real, torná-lo racional, sensível, organizado e socializado. Mas esse ajuste se opera por um tríplice trabalho da inteligência. O trabalho do cérebro para nomear, pensar e explicar. O trabalho dos sentidos para tocar, experimentar, olhar etc. O trabalho do coração para emocionar-se, fazer aliança e engajar-se.

Enfim, a lógica do signo é a da precisão do sentido que se quer dar, enquanto a do símbolo é a de enfeixar uma multiplicidade de sentidos. O signo fecha e delimita, enquanto o símbolo abre horizontes quase inexauríveis, pois condensa múltiplos sentidos: ele é polissêmico. Age como a parábola nos evangelhos: compreenda quem puder. Ou ainda como o Espírito em Pentecostes: cada um entende a mensagem singular em sua língua materna. O Espírito sopra onde quer... Nenhum comentário pode, por exemplo, esgotar o sentido dos símbolos do batismo em nome do Pai, do Filho e do Espírito Santo, da ceia eucarística, em que Jesus disse: Este é meu corpo, que será entregue por vós. Tomai e comei, ou o sentido da Palavra de Deus.

> A Palavra de Deus é uma árvore bendita que, de todos os lados, te apresenta frutos benditos: ela é como o rochedo que se abre no deserto para oferecer a todos os homens uma bebida espiritual. Segundo o Apóstolo, eles comeram um alimento espiritual e beberam de uma fonte espiritual.
>
> Aqueles que partilham uma dessas riquezas não devem crer que só haja na Palavra de Deus aquilo que encontraram. Pelo contrário, devem compreender que foram capazes de descobrir apenas uma entre muitas outras coisas. Enriquecidos pela palavra, não devem crer que essa se empobreceu incapazes de exauri-la, que dêem graças por sua riqueza. Regozija-te porque estás saciado, mas não te aflijas com o que te excede. Aquele que tem sede se alegre em beber, mas não se aflija por não poder exaurir a fonte. Que a fonte apazigue tua sede, sem que tua sede esgote a fonte. Se tua sede for saciada, sem que a fonte seque, tu poderás beber dela novamente, toda vez que tiveres sede. Se, ao contrário, ao te saciares, tu esgotares a fonte, tua vitória se tornará tua desgraça.[3]

Símbolos e ritos

Esse breve esclarecimento sobre o signo e o símbolo ajuda-nos a compreender a relação entre símbolos e ritos. Estes se definem, em primeiro lugar, como ações simbólicas. Compreendemos, então, sua conivência com os símbolos. Se a bandeira é um símbolo (no sentido de signo), a ação de hasteá-la, de saudá-la em uma atitude digna, escutando o hino nacional, constitui uma ação simbólica,

---

[3] Comentário do diácono santo Efrém, século IV, ao Evangelho. (*Sources Chrétiennes*, n. 121, Paris, Cerf, 1966, pp. 52-53.)

um rito. Da compreensão passamos à celebração. Esta é uma atividade simbólica, ritual. Lembremos alguns aspectos importantes.

Uma atividade ligada à vida, à história de povos e de pessoas que, não obstante, aparece como pausa em seu desenvolvimento, uma tomada de distância para balbuciar-lhe o sentido. Uma atividade vinculada às festas, às passagens a serem vividas em toda a existência humana, ao longo das mudanças que ocorrem em seu processo: nascimento, casamento, doença, morte e uma série de outros eventos. Os ritos visam atribuir a cada pessoa um nome, um lugar, um papel na ordem social, à medida que sua história se desenvolve com suas mudanças, suas crises e suas provações. Toda a vida humana, hoje mais do que nunca, é mobilizada e os "quebra-cabeças" pessoais são freqüentemente desfeitos por todos os tipos de eventos que provocam crises e obrigam não apenas a tomar novas decisões, mas também a reorganizar a própria vida. Os ritos contribuem para estabelecê-los em novas coerências. É preciso um trabalho de urdidura e de continuidade.

Uma atividade que requer um cerimonial, um programa e regras de ações transmitidas e recebidas, conhecidas pelos membros do grupo. Os ritos devem ser implementados de maneira organizada e previsível, pois eles tecem os fios entre as gerações, tomam de empréstimo as palavras e os gestos do passado para transmiti-los ao presente e configurar o futuro. O ritual dá destaque e perspectiva àquilo que é vivido. Programa e regras de ações são fixados por rituais, embora evoluam e se adptem segundo as circunstâncias e as culturas. O lugar onde se desenvolve a ação é organizado, composto, com espaços diferenciados em que os elementos orientam as pessoas umas em relação às outras, atribuem a algumas delas certos lugares e papéis para que possam presidir, intervir e se deslocar.

Em nossa reflexão, procuraremos não separar símbolos e ritos e apresentaremos os símbolos cristãos no contexto da implementação litúrgica dos sacramentos. Com efeito, pensamos que eles não podem ser realmente compreendidos senão quando experienciados no âmago dessa implementação e não por meio de meras explicações e abordagens teóricas.

Os símbolos entre natureza e cultura

O ser humano faz parte da criação, do planeta Terra. Modelado com o barro, seu corpo é constituído de água e de sais minerais, e mantido pelo ar que respira, pela digestão e pela combustão dos alimentos consumidos. Sua existência se deve a uma feliz conjunção de elementos naturais que fundam a simbólica humana comum e também a simbólica cristã. Entretanto, estes elementos naturais (terra, água, fogo, ar...) não são símbolos em estado bruto. Os seres humanos estabelecem com eles diferentes relações segundo as épocas e os lugares. Quando se apropriam desses fatores para se comunicarem, eles os constroem de acordo com suas culturas, colorindo-os de significações particulares. As religiões ditas "naturais" repousam sobre culturas extremamente ricas e variadas. Cada uma mantém uma relação específica com a água e a luz, por exemplo, segundo os dados da geografia e os modos de vida daí decorrentes. A evangelização, a catequese e a liturgia devem levar isso em conta. A Boa Nova sempre deve ser traduzida para as culturas específicas (*inculturação*), que por sua vez também precisam converter-se ao Evangelho (*aculturação*), pois ele se dirige a todas as nações (cf. Mt 28,20), convidadas a conhecer o Pai, por Jesus, no Espírito Santo. Para que essas duas dimensões sejam vividas em espírito de comunhão, é preciso respeitar a diversidade de culturas, a fim de que elas experimentem simbolicamente, à sua maneira, a humanidade comum e o mistério único da fé (*interculturação*).

Os símbolos cristãos enraizados na ritualidade humana

Os sacramentos são ritos que configuram os cristãos e acompanham sua vida na Igreja. Esses ritos, a Igreja os recebeu em grande parte do judaísmo. Todavia, eles não têm nada de estranho, pois fazem parte de uma ritualidade humana comum. Os símbolos cristãos apresentam caráter universal. Desde que vivem na Terra, os homens celebram as grandes passagens de sua existência: o nascimento e a morte, o matrimônio, as mudanças de *status* social. Para tanto, tomam refeições juntos, prestam socorros mútuos nas doenças, iniciam os mais jovens na vida adulta, perdoam-se e reconciliam-se após os conflitos, elegem dirigentes para organizar a vida social e zelar pelo bem comum.

Para os cristãos, Deus se deixou conhecer, encontrar e amar na humanidade concreta da pessoa de Jesus. Ele mesmo experimentou tudo da condição humana comum e, portanto, também sua ritualidade. Foi iniciado na fé judaica, bem como em todas as suas práticas. Todavia, habitou a condição humana de maneira única, admirável e, às vezes, escandalosa para muitos, inclusive os próprios amigos. Sua maneira de comportar-se em relação a Deus, em relação aos pobres, aos pecadores, aos doentes, em relação às instituições religiosas — o templo, o sabá, os ritos, os escribas, os sumos sacerdotes, os fariseus... — colocou em xeque a ordem simbólica de seu tempo. Essa foi, sem dúvida, a principal razão de seu processo e de sua morte.

É simultaneamente esse enraizamento dos símbolos cristãos na experiência humana e religiosa da Bíblia e a originalidade de que se revestem à luz da vida, da morte e de ressurreição do Cristo que desejamos desenvolver aqui.

A iniciação cristã

Concederemos prioridade aos três sacramentos da iniciação cristã que constituem a base dos símbolos cristãos. Desde que começamos a viver, ao entrar em uma situação ou em uma atividade nova, precisamos ser iniciados. A iniciação comporta diversas dimensões: aquisição de uma linguagem e de conhecimentos, aprendizagens diversas relativas aos comportamentos na vida quotidiana, no trabalho, nos encontros, nas festas... Ela reveste, antes de tudo, uma dimensão simbólica. "Não nascemos cristãos; tornamo-nos tais" — eis uma afirmação constante na Igreja. Recebe-se a vida em uma família, em um país, em uma cultura, mas a fé supõe um renascimento, uma travessia nas águas do batismo para viver uma vida nova, para pertencer a Cristo e entrar na Igreja que é uma comunidade de irmãos e de irmãs sem fronteiras. A fé supõe uma escolha livre, mas supõe também uma iniciação, uma passagem por etapas.

O batismo, a confirmação e a primeira eucaristia são os três sacramentos da iniciação cristã. Nos primeiros tempos da Igreja, sua celebração, longamente preparada, era uma etapa decisiva. Para aqueles que se tornavam cristãos por esses três sacramentos, restava-lhes, em seguida, toda a vida para progredir na fé, no amor de Deus e dos outros, na esperança em suas provações. Tratava-se de uma celebração única durante a vigília pascal, uma celebração em três tempos. Em primeiro lugar, a imersão na água do batismo, a profissão de fé, o mergulho e a emersão, seguida da recepção de uma veste branca. Depois, a passagem diante do bispo, que impunha a mão no batizado e ungia-o. Enfim, o acesso pela primeira vez à mesa eucarística.

Progressivamente e por diversas razões as três etapas da celebração foram separadas no tempo, e, às vezes, a ordem de sua recepção foi modificada. Hoje, por exemplo, na maioria dos casos, a confirmação é recebida após a primeira eucaristia e, com freqüência, bem depois do batismo. Entretanto, no contexto do catecumenato dos jovens e dos adultos, revalorizado depois do Concílio Vaticano II, os três sacramentos da iniciação cristã tendem a reencontrar sua unidade.

1

O BATISMO

O batismo é o primeiro dos três sacramentos da iniciação cristã. Pode ocorrer no nascimento ou ser pedido mais tarde pela criança, pelo jovem ou pelo adulto. Qualquer que seja a idade, ele é vivido como renascimento.

Experiências simbólicas

O nascimento

O nascimento é um evento importante. Para aqueles que vêm ao mundo, sem dúvida, mas também para seus pais, para sua família e todas as pessoas mais próximas. Em todas as culturas, o nascimento de uma criança dá lugar a ritos, a gestos simbólicos, a festas. Todo ser humano vem da noite e das águas maternais. Seu nascimento é, ao mesmo tempo, uma inserção no mundo e, de certa forma, uma inserção na morte. A criança é expulsa de um lugar onde todas as suas necessidades eram satisfeitas, para entrar, mais ou menos brutalmente, em um mundo desconhecido, desconfortável, perigoso. Estava ligada à mãe, e ei-la agora solta. O cordão umbilical da segurança, da subsistência assegurada, é cortado. Começa, então, para ela uma outra maneira de viver.

A criança é entregue à sua mãe. Vivia em seu ventre, e agora ela a recebe como uma pessoa diferente, como um outro, que ela toma nos braços. Para a mãe, inicia-se igualmente um novo tipo de relacionamento com o bebê. De certa forma ela morre para uma maneira de ser, com o filho, e vive um nascimento simultâneo ao dele. Com freqüência, isso se passa na presença do pai, que até então permanecera um pouco alheio à relação mãe-filho. Após ouvir sua estranha voz a partir do ventre materno, a criança vai descobri-lo agora como um terceiro entre ela e sua mãe, como um outro que a engendrou e que lhe é necessário para ter a mesma humanidade. Um outro que, se presente no momento do parto, vai pegá-lo e dá-lo à sua mãe.

Em seguida, a criança recebe o primeiro banho e veste a primeira roupa. Seus irmãos vêm vê-la. Para eles, também começa uma nova vida, pois o recém-chegado os obrigará a mudar, a se situar e a se organizar de outra forma. Depois vêm os ritos do registro. A criança recebe um nome de família, é inscrita em uma linhagem, e seu prenome distingue-a de outros ou lembra qualquer outro da família. Outros ritos vão festejar seu nascimento: oferecimento de flores e de presentes, refeição familiar...

Renascimentos

A existência humana é pontilhada de mortes e de renascimentos. Quando ocorrem mudanças importantes na posição social, no trabalho, na saúde, ou por ocasião do falecimento de um ente querido, torna-se necessário estabelecer um rito de passagem. Com efeito, essas mudanças constituem etapas de transição e comportam duas faces: a face noturna da perda, da insegurança, do medo diante do futuro, e a face luminosa da vida nova a encarar e a inventar. O percurso simbólico que se delineia para aqueles que decidem enfrentar a nova situação é semelhante ao do nascimento.

O batismo cristão, um renascimento

O batismo cristão não é um rito de nascimento, mas de renascimento. Ele não celebra a chegada ao mundo de uma criança, mas o "re-nascimento" de alguém já nascido. Esse "re-nascimento" pode dizer respeito a pessoas de todas as idades, e não unicamente aos bebês. Há pouco tempo, nascimento e batismo eram ligados no tempo, e em muitas regiões a Igreja batizava quase todos os recém-nascidos. Hoje em dia, o batismo depende da escolha da criança, do jovem, do adulto ou dos pais do recém-nascido. Com efeito, supõe em quem o pede o conhecimento e o amor de Cristo, tanto quanto a vontade de viver o Evangelho e de pertencer à Igreja. O batizado vive um renascimento na fé, e é na Igreja que a criança tem uma vida nova. Para ele, a Igreja é como uma mãe e uma nova família. Uma comunidade o preparou e o acompanhou, a ele ou a seus pais. Se for ainda bebê, o padre recebe-o das mãos da mãe, mergulha-o na água, chama-o pelo nome e o batiza para que o Espírito de Deus torne-o santo e faça dele, à imagem de Jesus, o filho bem-amado do Pai. Em seguida, o sacerdote entrega-o a seus pais, que o recebem como irmão ou irmã na fé, pois doravante ele entrou na Igreja, na família dos fiéis.

Símbolos e ritos

Apresentamos os principais símbolos que balizam a celebração do batismo. Alguns deles, como a cruz, a água e a luz, por exemplo, reaparecem em outras circunstâncias que não as do batismo. Indicaremos de passagem o que significam nessas ocasiões.

A cruz

Na vida cotidiana

Em que pensamos quando ouvimos essa palavra? Em uma forma? Em um signo? Em um objeto? Em um lugar? Em um gesto? Em uma jornada?... Tudo depende do contexto em que a escutamos, e também de nossa cultura. Diz-se que o "M" da cadeia de *fast-food* McDonald's impacta mais o mundo hoje do que a cruz dos cristãos. Esta, aliás, é diversamente percebida: ora se constitui como simples lembrança da morte de um justo, ora é ostensivamente brandida e fincada com segundas intenções triunfalistas e até belicosas.

Uma forma

A cruz é um cruzamento, uma intersecção entre duas linhas, como no sinal de +. Há pouco tempo, aqueles que não sabiam escrever assinavam desenhando uma cruz no local indicado de um documento. Ela é também o cruzamento de uma linha vertical e de uma linha horizontal, ligada à posição do corpo quando ereto, de pé. Do solo, onde repousam os pés, em direção ao céu, para onde se ergue a cabeça. Depois, de um ponto a outro do horizonte, quando se estendem os braços. Nesse sentido, a cruz reúne uma dimensão profunda do homem, da posição de seu corpo no espaço que ele habita. E os cristãos falarão de bom grado sobre a árvore da cruz, da cruz plantada na terra.

Um objeto

A palavra "cruz" designa uma grande diversidade de objetos, de coisas: jóias, insígnias, peças de pedra ou de madeira esculpida. É levada no pescoço, na lapela, ou colocada sobre um campanário, em uma encruzilhada, em um recinto da Igreja, sobre um túmulo... Ora aparece despojada, ora se esculpe nela o corpo de um crucificado, o que muda sua significação. A cruz é um objeto simbólico porque exprime relações, lembranças, uma identidade, uma pertença. É relação com aquele que se fez dom. Risco, envolvimento, quando carregada em tempos de perseguição. Inversamente, furor contra aqueles que honram a cruz, destruindo-a nas encruzilhadas ou nas igrejas.

Uma provação

Nas culturas impregnadas de cristianismo, a palavra cruz designa uma provação, um fardo que se carrega. Não se trata unicamente, nesse caso, de um objeto, mas do evento que representa, da experiência humana e divina daquele que morreu nela, da própria pessoa de Jesus crucificado.

Na Bíblia

O Novo Testamento apresenta a cruz de Cristo como mistério. É importante compreender bem o sentido dessa palavra. Uma palavra grega que se traduzirá em latim por "sacramento". Mistério, sacramento e símbolo são termos freqüentemente empregados como sinônimos pelos padres da Igreja. Para são Paulo, mistério quer dizer revelação, manifestação humana de uma realidade divina, e não realidade que é impossível conhecer e compreender. A cruz de Cristo é um mistério por nos revelar até onde foi o amor de Deus pela humanidade. A cruz é uma realidade humana e histórica. Instrumento de tortura para um condenado à pena de morte. Jesus, "profeta poderoso em ação e palavras" (Lc 24,19), inocente e indefeso, foi crucificado e morreu em uma cruz no lugar chamado "Gólgota".

A morte de Jesus na cruz foi vivida pelas testemunhas do evento, por seus amigos, como um escândalo, mas também, após a ressurreição, como uma glória. Um escândalo e um fracasso, inicialmente. Como Deus pôde permitir que seu Filho inocente morresse como um condenado à morte de direito comum? Eles esperavam um libertador, um salvador, e ei-lo crucificado. Em seguida, como uma glória. À luz da ressurreição, eles se lembrarão das palavras de Jesus. "Não existe amor maior do que dar a vida pelos amigos" (Jo 15,13). A cruz, instrumento de vergonha e de desespero, torna-se para os discípulos cruz gloriosa e triunfante. Manifestação maior e mais extrema da ternura de Deus, bem como vitória sobre a violência, o ódio e a morte. Já são João verá nisso a manifestação da glorificação de Jesus, de sua ressurreição (cap. 12). Jesus é mesmo o crucificado que Deus resgatou da morte, dirão os apóstolos.

A cruz é um grande mistério. Ela é também um sinal de contradição. De um lado, revela e lembra o imenso amor de Deus que salva os homens; de outro, é sobre uma cruz que Deus se revela salvador, em plena experiência de sofrimento e de morte. Um Deus difícil de reconhecer, um Deus desfigurado. Essa contradição encontra-se no âmago da fé cristã. Segundo as épocas e as sensibilidades, a cruz ficará nua (Jesus ressuscitou e subiu aos céus), trará um crucificado com o corpo torturado pela dor, ou um homem sereno, em trajes gloriosos.

Compreende-se que a cruz tenha se tornado um símbolo muito importante para os cristãos. Como forma para a arquitetura de suas igrejas. Como objeto para marcar seus corpos, suas casas, seu território. Como gesto em sua oração e em suas celebrações. No

Ocidente, a cruz tem lugar em qualquer tipo de ícone, imagem de Cristo proposta à veneração dos fiéis. Nas Igrejas orientais, o ícone ocupa um lugar importante. É uma imagem pintada representando Cristo, a Virgem ou os santos. Com uma atenção especial ao rosto, reflexo e expressão da pessoa, não ao estilo de um retrato, mas de uma transfiguração. É um rosto humano, reflexo e imagem da beleza e da santidade de Deus, proposto à contemplação e à veneração.

Na liturgia e na oração

O sinal-da-cruz é o gesto mais familiar dos cristãos. Mais que um signo, esse gesto é na verdade um símbolo, quando bem realizado e vivido.

Sobre o próprio corpo

O gesto pelo qual se toca a própria fronte e o coração, verticalmente, e os ombros, horizontalmente, acompanhado da bênção batismal "em nome do Pai, do Filho e do Espírito Santo," não visa simplesmente informar os outros de que somos cristãos. É um símbolo que marca a pessoa, que a vincula a Cristo e a compromete. "Se perguntarmos a um catecúmeno: 'Crês em Cristo?', ele responderá sim e fará o sinal. Ele já traz a cruz de Cristo sobre sua fronte e não ruboriza por causa da cruz de seu Senhor" (santo Agostinho). Esse sinal imerge pessoalmente e reúne corporalmente os cristãos no mistério trinitário do batismo, no mistério da cruz. Eles o fazem antes de uma oração, no início de uma celebração. Antes de escutar o Evangelho, eles o fazem com o polegar sobre a fronte, sobre a boca e sobre o peito para que a Palavra de Deus ilumine seu espírito, ressoe em seus lábios e toque-lhes o coração.

Sobre os batizados e os crismados

A recepção de um convidado é acompanhada de gestos e de palavras que indicam a amizade, o respeito, a alegria. Quem é acolhido pelo batismo é acolhido pela Igreja de maneira original. O padre, os pais, os padrinhos e as madrinhas e os catequistas "marcam o batizado com a cruz, que é o sinal de Cristo nosso Salvador". Na crisma, "o bispo traça com o óleo santo uma cruz sobre a fronte de cada um, dizendo-lhe: 'Seja marcado pelo Espírito Santo, o dom de Deus' ". O sinal-da-cruz é a marca de família dos cristãos.

Pelo batismo, ele vai pertencer a Cristo e se tornará semelhante a ele. Para o batismo de uma criança já grande ou de um adulto, pode-se também fazer o sinal-da-cruz sobre suas orelhas, "para que ele ouça o que Jesus diz", sobre seus olhos, "para que ele veja o que Jesus faz", sobre seus lábios, "para que ele saiba responder a Jesus que lhe fala", sobre seu coração, "para que ele saiba acolher Jesus em seu coração", sobre seus ombros, "para que ele tenha em si a força de Jesus". Em resumo, é toda a sua pessoa que é acolhida e transformada.[4]

Sobre a assembléia dos cristãos

O padre, no final da missa ou de uma oração, abençoa a assembléia em nome de Cristo, traçando sobre ela o sinal-da-cruz, para que cada um de seus membros seja testemunha viva do Evangelho e da cruz.

Sobre o livro do Evangelho, sobre o pão e o vinho...

O sinal-da-cruz sobre as coisas, sobre os objetos, não pretende dar-lhes um poder mágico. Ele exprime a bênção de Deus e lembra àqueles que os recebem, os lêem e os levam que esses objetos significam sua relação com a pessoa de Cristo.

Em outras ocasiões

A cruz ocupa um lugar importante na liturgia. Antes de tudo, na Sexta-feira Santa e na festa da Exaltação da Santa Cruz (14 de setembro) ela é venerada como cruz gloriosa, quando se celebra o aniversário do dia da morte de Jesus e se lê a narrativa da Paixão segundo são João. Ela é carregada, mostrada, aclamada, venerada e

---

[4] Citações extraídas dos rituais do batismo e da confirmação.

abraçada. Tantos gestos concretos que exprimem e reavivam o vínculo entre os cristãos e a pessoa de Jesus salvador. Tantas maneiras de recordar a seriedade e a dramaticidade da paixão de Jesus, mas também de cantar sua vitória. Na missa, ela é colocada próxima ao altar, levada em procissão. Quando celebram, os cristãos têm sempre a cruz sob os olhos.

O símbolo da fé

Na linguagem cristã, a palavra "símbolo" comumente designa um conjunto de fórmulas chamado "credo", que quer dizer "eu creio". Essa palavra é largamente justificada por diversas razões. Quem se prepara para o batismo, ou quem manda batizar o próprio filho, deve realmente fazê-lo com conhecimento de causa.

Na vida cotidiana

No âmago de toda ação simbólica — lembremo-nos —, existe um compromisso, um pacto, uma fé comum. As partes envolvidas sabem o que e com quem contratam. Quando se trata de ritos concernentes à vida das instituições (nações, Igrejas...), faz-se referência a textos oficiais que figuram nas constituições ou nos estatutos, e a promulgação de tais atos compete aos agentes investidos dessa função. De fato, esses textos constituem um patrimônio comum da sociedade a que eles servem ou representam.

Na Bíblia

O "shemá Israel" (Escuta Israel)

Assim se designa o *credo* de Israel, composto de três passagens bíblicas: Dt 6,4-9; Dt 11,13-21; Nm 15,37-41. É a profissão de fé que acompanha o judeu durante toda a sua vida. Ela torna-o consciente de sua pertença ao povo da Aliança, e está na base da educação dos filhos na fé. O judeu deve recitá-la ao levantar-se e ao deitar-se. Ela é essencialmente centrada na Lei dada no Sinai:

Escuta (SHEMÁ), Israel! O Senhor nosso Deus é o único Deus. Portanto, ame o Senhor seu Deus com todo o seu coração, com toda a sua alma e com toda a sua força. Que estas palavras, que hoje eu lhe ordeno, estejam em seu coração. Você as inculcará em seus filhos, e delas falará sentado em sua casa e andando em seu caminho, estando deitado e de pé. Você também as amarrará em sua mão como sinal, e elas serão como faixa entre seus olhos. Você as escreverá nos batentes de sua casa e nas portas da cidade (Dt 6,4-9).

O "Credo" da Igreja

Apresenta-se de maneira diferente do de Israel. Ao aludir ao símbolo já empregamos a imagem do quebra-cabeça. Diferentes elementos justapostos, reunidos, dão origem a um conjunto único e harmonioso. Isso vale para o *Credo*. A Igreja reuniu nele os elementos essenciais de sua fé, daquilo em que ela crê. Não se trata de um resumo de verdades nas quais acreditar, mas de uma evocação de como Deus se manifestou enquanto Criador e Pai, enquanto Salvador em Jesus, seu Filho, como doador de seu Espírito Santo, como fonte da Igreja, como perdão dos pecadores e como poder de ressurreição. O *Credo* recapitula o essencial das manifestações de Deus no Antigo Testamento, mas sobretudo no Novo. "Creio em Deus", assim começa o símbolo da fé cristã. A fé que o cristão aí professa é antes de tudo, como no *Credo* de Israel, uma proclamação de confiança em alguém. Ela é relacional. É fé em Deus como em uma pessoa viva a quem amar. A fé é uma resposta a alguém que se deu a conhecer primeiro, que confiou nos homens e lhes prometeu ser fiel a seu amor, acontecesse o que acontecesse. "Sei em quem coloquei a minha fé" (2Tm 1,12), diz são Paulo. A confissão cristã da fé funda-se em Cristo e nele assume uma visão trinitária. Ele é o Filho que nos revelou Deus como o Pai e por quem nós recebemos o Espírito.

Na liturgia e na oração

As catequeses batismais

As catequeses que precedem o batismo consistem em fazer conhecer e compreender o sentido do símbolo da fé. A catequese, termo antigo, tornou-se corrente na linguagem da Igreja católica. Deriva do verbo grego *catèchéo*, que significa fazer ressoar uma novidade, dar-lhe "eco". Com efeito, a catequese consiste em dar eco à fé cristã, de maneira que os que crêem em Deus Pai, Filho e Espírito Santo partilhem sua fé nele e também aprendam a seu respeito.

A profissão de fé batismal

A fé proclamada no momento do batismo é um voto de confiança recíproca, de compromisso. Deus crê no ser humano, confia nele, envolve-se com ele, este, por sua vez, crê em Deus, confia nele, promete-lhe fidelidade. Contudo, nessa troca, os parceiros não se encontram no mesmo plano. Deus é capaz de uma fidelidade indefectível, mas o homem não. Este é falível, tem um coração dividido, submetido a tentações a que pode sucumbir por fraqueza e até por má-fé ou falta de confiança... O próprio Jesus, filho de Israel, não evitou as tentações de seu povo. Ele as enfrentou e resistiu ao diabo. O diabo e o diabólico são o contrário do símbolo e do simbólico. O diabo divide, semeia a má-fé e a perda de confiança, enquanto o símbolo une e aproxima as diferenças.

O gesto do batismo é também precedido da tríplice renúncia à Satã e da tríplice profissão de fé em Deus Pai, em Jesus Cristo e no Espírito Santo. Antes de dizer três vezes sim a Deus, como Jesus no deserto, o batizado diz três vezes não ao diabo e aos poderes do mal nele e ao redor dele. Essa profissão de fé que se faz antes do batismo exige uma preparação. No catecumenato, pressupõe-se que o futuro batizado receba solenemente o símbolo da fé como sinal de confiança que é depositada nele, durante a Quaresma, e que, em seguida, no final da Quaresma, antes de seu batismo, ele proclame publicamente sua adesão pessoal à fé que lhe foi transmitida. Todavia, entre esta retomada do *Credo* e a profissão de fé se desenvolvem as catequeses que lhe permitirão apreender a importância daquilo que proclama.

Um símbolo de reconhecimento

O símbolo da fé, quando recitado pelos cristãos em qualquer ocasião e, particularmente, na assembléia dominical, é um ato de reconhecimento mútuo. É como o pacto comum que os une, não somente a Deus, mas também uns aos outros. Eis por que ele se reveste de grande importância. O símbolo une os cristãos de hoje aos apóstolos. Estes, vivendo com Cristo, reuniram os elementos de sua fé comum nele. O símbolo os une também aos cristãos que, séculos e séculos depois, o recitam sem nenhuma modificação. A recitação comum do símbolo faz existir também uma imensa cadeia de fiéis. Ela representa, enfim, uma oportunidade, no que diz respeito à divisão entre as Igrejas. Enquanto proclamarem o mesmo símbolo, o fogo de sua unidade, adormecido sob as cinzas, poderá ser reavivado ao sopro do Espírito de comunhão.

A água

Na vida cotidiana

A água (como a terra, o ar e o fogo) é um dos quatro elementos simbólicos universais em todas as culturas. Ela lembra ao ser humano as origens da vida: esta nasceu e se desenvolveu, em primeiro lugar, na água. E o próprio homem germina e assume forma nas águas matriciais do seio materno. A água é um símbolo muito rico e se reveste de múltiplos sentidos, de acordo com as abordagens e os contextos:

Uma abordagem científica

Ela é H_2O, combinação de hidrogênio e de oxigênio, matéria e realidade cósmica, dando lugar a múltiplas análises e experimentações.

Uma abordagem familiar

No cotidiano, ela se apresenta sob formas diversas. Na natureza, é oceano ou rio, fonte que brota da terra, chuva que cai do céu ou orvalho matinal. Atrai multidões de turistas. É cada vez mais preciosa por ser rara e poluída. Nas casas, apresenta-se na transparência de uma garrafa ou de um copo de cristal, no fluxo de uma torneira ou no espaço de uma banheira.

Uma abordagem moral

São-lhe atribuídos bons e maus efeitos: ela cura ou contamina, fertiliza ou destrói, refresca ou aquece. É considerada benéfica ou maléfica, pura ou impura. Como outros símbolos, comporta significações diversas, e até contraditórias. Produz vida, que não existiria sem ela. Entretanto, também pode destruir e matar quando se torna inundação e dilúvio, suscitando pavor e desolação. Pode acarretar vida e morte, ao mesmo tempo. O homem sedento no deserto salva sua vida saciando-se, porém, se beber com exagero, pode morrer por causa disso. A água pode tragar alguns e livrar outros."Nada no mundo é mais flexível e fraco do que a água, mas nada a supera para vencer aquilo que é forte e duro..." (Lao Zi – século VI a.C.).[5]

Uma abordagem religiosa

Pode-se atribuir à água quatro dimensões simbólicas, principais: "a água germinal e fecundante", fonte de vida; "a água medicinal", das múltiplas fontes da juventude e fontes milagrosas; "a água batismal ou lustral", que, pela imersão ritual, opera uma morte simbólica da personalidade para dar origem a um novo ser; nos ritos de ablução ou de aspersão, ela opera uma purificação; e, por fim, "a água diluvial" que permite a regeneração do gênero humano (cf. o dilúvio).[6] Essas significações estão presentes na maior parte das religiões e se vinculam a ritos diversos. A água age sobre as pessoas, sobre seu ser profundo, no momento em que se colocam em relação com a divindade e também umas com as outras. Age sobre aqueles que bebem, se lavam, mergulham ou nela são mergulhados (batizados) para morrer e renascer. Atribuem-se a ela virtudes e poderes divinos.

Essa rápida enumeração revela os diferentes sentidos de uma mesma realidade. Vai-se, por assim dizer, do menos simbólico ao mais simbólico. Quanto mais houver laços, relações e atuação sobre o ser profundo das pessoas, mais denso é o simbólico. Evidente-

---

[5] ROBINET, Isabelle. *Lao Zi et le Tao*. Paris, Bayard, 1996.

[6] G. Durand Art, "Eaux" (symbolisme des), na *Encyclopedia universalis*.

mente, a abordagem mais simbólica não exclui as outras. Ao contrário, engloba-as. O símbolo age por transposições de sentido. Assim, antes de aspergir a assembléia na vigília pascal, o padre, para abençoar a água, faz uma oração na qual podemos encontrar os traços de tudo aquilo que acabamos de evocar. No entanto, com uma originalidade cristã que agora devemos desenvolver:

> ... dignai-vos abençoar esta água.
> Fostes vós que a criastes para fecundar a terra,
> para lavar nossos corpos e refazer nossas forças.
> Também a fizestes instrumento de vossa misericórdia:
> por ela libertastes o vosso povo do cativeiro
> e aplacastes no deserto a sua sede;
> por ela os profetas anunciaram a nova Aliança
> que era vosso desejo concluir com os homens;
> por ela finalmente,
> consagrada pelo Cristo no Jordão,
> renovastes, pelo banho do novo nascimento,
> a nossa natureza pecadora.
> Que esta água seja para nós
> uma recordação do nosso batismo
> e nos faça participar da alegria
> dos irmãos batizados na Páscoa.
> (Oração do Missal para bênção e aspersão da água)

Na Bíblia

Tudo aquilo que foi dito anteriormente consta da Bíblia. O que é novo é o sentido dado à água. Ela é religada à história da Aliança entre Deus e seu povo. Nos momentos importantes ou críticos dessa história, a água manifesta quem é Deus, revela todos os aspectos de seu amor através das diversas maneiras pelas quais ele é criador, salvador, fiel. Ele faz germinar a vida sobre a terra. Nos poços de água viva, faz nascer o novo, no encontro dos que vêm tirá-la (cf. Gn 21,25-31; 24,1-27). No vau do rio, dá a força para sair e atravessar para a outra margem (cf. Gn 32,23; Js 3). No mar, abre um caminho: livra seu povo oprimido e traga as forças da opressão (cf. Ex 14,21-31). No deserto, faz brotar água do rochedo e sacia seu povo sedento (cf. Ex 17). Purifica o coração do pecador convertido e lhe oferece um futuro (cf. Sl 50). Derrama seu amor no coração dos fiéis (cf. Ez 36,24-28).

O Novo Testamento retoma todas essas imagens e revela como aquilo que é dito de Deus se realiza em Jesus seu Filho. No Jordão, quando emerge da água do batismo de João, o céu se abre, o Espírito desce sobre ele e uma voz vem do céu: "Tu és meu Filho amado! Em ti encontro o meu agrado". (Lc 3,21-22). São João desenvolve em seu Evangelho a riqueza simbólica da água batismal. A água é associada à manifestação de Jesus como o Filho de Deus, como o Salvador. Em Caná, Jesus transforma-a em vinho (cf. Jo 2,9). Ele declara a Nicodemos que "ninguém pode entrar no Reino de Deus, se não nasce da água e do Espírito" (Jo 3,5). Nascimento que, ao mesmo tempo, é reconhecimento de Jesus como o enviado de Deus. Nos poços de Jacó, o que ele disse à Samaritana resume a significação cristã da água:

> Quem bebe desta água vai ter sede de novo. Mas aquele que beber da água que eu vou dar, esse nunca mais terá sede. E a água que eu lhe darei, vai se tornar dentro dele uma fonte de água que jorra para a vida eterna (Jo 4,13-14).

O próprio Jesus é a água viva de Deus, o dom de Deus. Para o paralítico, mais necessária do que o mergulho na piscina dos deuses curadores é a palavra de Jesus, que o faz levantar-se e andar (cf. Jo 5). O barro que Jesus faz com a água de sua saliva e aplica aos olhos do cego de nascença arranca-o de sua escuridão, cura-o e o faz descobrir na piscina de Siloé que Jesus é o enviado (Siloé significa "O Enviado") (cf. Jo 9,6-7).

Antes da narrativa de sua paixão e morte, Jesus se serve da água para lavar os pés de seus discípulos e enxugá-los (cf. Jo 13), para batizá-los de alguma forma antes de morrer por eles. Ele se faz reconhecer como seu servidor e lhes confia a mesma missão que a sua. Na cruz, a água brota com o sangue de seu lado aberto pela lança: ela escorre da ferida que é a marca suprema de seu amor (cf. Jo 19,34).

Na liturgia e na oração

O símbolo da água é central na liturgia do batismo. Três gestos desenvolvem sua implicação simbólica.

A água na qual o batizado é mergulhado

Batizar quer dizer "mergulhar". Evocando o batismo, são Paulo diz que, "assim, ele a purificou [a Igreja] com o banho de água e a santificou pela Palavra" (Ef 5,26). Originalmente, batizava-se mergulhando toda a pessoa na água, por três vezes, depois que ela professava sua fé em Deus Pai, Filho e Espírito Santo. Até perder o fôlego, como se morresse com Cristo. Depois, recuperava-o, ao sair da água, renascendo com Cristo para a vida nova. Gesto, portanto, que une a Cristo morto e ressuscitado, não sendo simples rito de purificação.

> Pelo batismo fomos sepultados com ele na morte, para que, assim como Cristo foi ressuscitado dos mortos por meio da glória do Pai, assim também nós possamos caminhar numa vida nova (Rm 6,4).

O batismo por imersão total é sempre praticado nas Igrejas orientais. No Ocidente, os católicos a redescobriram após o concílio: gesto de imersão total de bebês, ou gesto de mergulhar a cabeça do jovem ou do adulto na água. Assim se recebe o batismo, que é dado por qualquer um que represente Cristo e a Igreja.

A água que se derrama sobre o batizado

A aspersão consiste em verter a água na cabeça (na pessoa) do batizando. Esse gesto substituiu a imersão no Ocidente por razões de comodidade. Ele evoca mais a purificação do pecador do que o sepultamento e o renascimento. Pode fazer esquecer o que dizia são Paulo, privilegiando o perdão dos pecados (do pecado original sobretudo). São essas as duas significações do batismo, mas a que são Paulo indica é a primeira.

A aspersão é um rito praticado também no início da missa, e pode ocorrer como gesto de penitência (a palavra quer dizer volta, conversão). É particularmente conveniente toda vez que evocamos o batismo, o de Jesus ou o dos cristãos na Páscoa.

Evocação do batismo, gesto de bênção

A água acompanha diversos gestos individuais ou comunitários realizados pelos cristãos em certas ocasiões. Ao entrar na Igreja, na cabeceira de um moribundo, em uma festa familiar (referente a tal pessoa ou à família), durante uma inauguração (casa, barco...), ela acompanha um gesto (o sinal-da-cruz) de bênção e uma fórmula de bênção. Presume-se que essa água seja "benta". Convém não dar à água benta e a esses gestos uma significação mágica. O *Ritual de bênçãos* da Igreja[7] as apresenta assim:

> Glorificando a Deus em todas as coisas e especialmente tendo em vista a manifestação da glória de Deus nos homens, renascidos ou por renascer pela graça, a Igreja vive das bênçãos, louva o Senhor com eles e para eles em circunstâncias particulares da vida, e sobre eles invoca a sua graça. A Igreja por vezes benze também objetos e lugares relacionados, seja com iniciativas humanas, seja com a vida litúrgica e a piedade e devoção, sempre porém tendo presentes os seres humanos que usam esses objetos e atuam nesses lugares. O homem para quem Deus quis fazer e fez todos os bens, é, sem dúvida, o receptáculo de sua sabedoria, pois, com os ritos da bênção ele se compromete a fazer tal uso das coisas criadas que só o conduza a procurar a Deus, amar a Deus e a Deus fielmente servir (*Ritual de bênçãos* n. 12).

As vestes

Na vida cotidiana

Os seres humanos nascem nus e podem viver assim sob certos climas. Entretanto, mesmo quando as roupas não lhes são necessárias, seus corpos são marcados por tatuagens, escarificações, perfurações... e adornados em certas ocasiões. Na maior parte dos climas, segundo as necessidades impostas pelas estações, as roupas protegem contra o frio ou o sol, contra a chuva ou o vento. Como todas as realidades humanas, marcas corporais, adornos e vestes não

---

[7] *Ritual de bênçãos*, São Paulo, Paulus, 1990.

obedecem unicamente à lógica da utilidade ou da necessidade. São investidos de uma dimensão simbólica muito rica e variada: pudor, apresentação pessoal, filiação a uma comunidade nacional, étnica, religiosa, demonstração de classe social, indicação de função no seio de um grupo, signo exterior de júbilo ou luto...

Na Bíblia

A simbólica da indumentária é muito presente na Bíblia. Contentemo-nos com algumas referências. No jardim das origens, "o homem e sua mulher estavam nus, porém não sentiam vergonha" (Gn 2,25). Vivendo em amizade com seu criador, eles assumiram sua condição humana e seus limites, sem vergonha nem rancor. Contudo, após o pecado da cobiça, "abriram-se os olhos dos dois, e eles perceberam que estavam nus. Entrelaçaram folhas de figueira e fizeram tangas" (Gn 3,7). O sonho da plena clarividência, do pleno poder e da infalibilidade provocou a queda do primeiro casal. Após ter-lhes revelado as dramáticas conseqüências de sua pretensão, o próprio Deus "fez túnicas de pele para o homem e sua mulher, e os vestiu" (Gn 3,21). Não os abandonou à própria infelicidade, mas fez-lhes uma roupa para protegê-los de si mesmos, como uma segunda pele para salvar a própria pele.

Na parábola do Filho Pródigo (cf. Lc 15,11-32), Jesus também conta uma história de quebra de confiança e de pretensão. O filho mais jovem deixa seu Pai em más condições, como se nada mais quisesse lhe dever, nem subsistência, nem honra, nem afeição. Porém, seus olhos se abrem e ele descobre sua nudez espiritual, ao mesmo tempo que sua miséria moral. Resolve então voltar-se para o Pai e reconhecer seu pecado e sua indignidade. Reação surpreendente do Pai:

> Depressa, tragam a melhor túnica para vestir meu filho. E coloquem um anel no seu dedo e sandálias nos pés. Peguem o novilho gordo e o matem. Vamos fazer um banquete. Porque este meu filho estava morto, e tornou a viver; estava perdido, e foi encontrado (Lc 15,22-24).

Essas duas narrativas têm pontos em comum. Todavia, a segunda vai mais longe do que a primeira. Na parábola, Jesus revela a ternura do Pai por todos os filhos de Adão, os filhos da quebra da aliança com o Pai. A atitude de Jesus em relação aos pecadores manifesta que o próprio Deus se aproxima deles, convida-os à reconciliação consigo. Ele espera e espreita seu retorno para revesti-los de um hábito de luz e de dignidade, com "traje de festa" (cf. Mt 22,1-14) para colocar-lhes no dedo o anel simbólico da aliança renovada, para calçá-los com sandálias a fim de que não andem mais descalços como os miseráveis. E, enfim, para que tenham lugar à mesa no banquete dos reencontrados.

"Vocês todos são filhos de Deus pela fé em Jesus Cristo, pois todos vocês, que foram batizados em Cristo, se revestiram de Cristo" (Gl 3,26-27). Quando fala do batismo, são Paulo retoma a imagem da veste. Nossa pretensão de viver sem Deus ou contra Deus, como o primeiro Adão, nos aniquila. Mas Jesus, o novo Adão, resistiu vitoriosamente às tentações que levam à perdição do homem, a seus impasses mortais. Ele, que era Deus, humilhou-se, tornou-se obediente e servidor, por fidelidade à ternura de seu Pai, que é graça e amor. É nele, o filho bem-amado e glorificado, que nós também somos justificados. Pelo batismo, ele mesmo se torna nossa veste, suplantando nossas presunções e nossas cobiças. "Ele me vestiu com a salvação, cobriu-me com o manto da justiça..." (Is 61,10). Por seu intermédio, tomam parte no banquete do Pai aqueles que "lavaram e alvejaram suas roupas no sangue do Cordeiro" (Ap 7,14). E aqueles que encontrar em vigília, "ele mesmo se cingirá, os fará sentar à mesa, e, passando de um a outro, os servirá" (Lc 12,37).

Na liturgia e na oração

A veste batismal

Desde a celebração do batismo nos primeiros séculos da Igreja, o gesto de se despir antes de descer à piscina batismal, ser mergulhado e emergir do outro lado para receber uma veste nova, uma veste branca, é muito eloqüente. Simbolicamente, tirar as roupas, despojar-se de adornos, ornamentos e jóias, significa voltar ao estado de nudez do dia em que se nasceu; despir a veste da vergonha pós-queda, abandonar a vida passada, em que se era como o primeiro homem, o velho homem, Adão e Eva. É assemelhar-se a Cristo na cruz no momento de sua morte, também ele nu, desnudado pela crueldade humana, quando os soldados tomaram sua túnica e a retalharam em quatro partes, uma para cada um; sortearam sua túnica sem costura, a veste única daquele que iria reconciliar o homem com Deus (cf. Jo 19,23-24) e com seus irmãos. É, por assim dizer, reconciliar-se com a inocência original, não uma inocência angélica, mas uma aceitação natural da própria pobreza, dos próprios limites. Após o mergulho nas águas do renascimento, o batizando volta à tona e põe a veste de festa, da dignidade e da liberdade reencontradas.

> Tu nos expulsaste do paraíso e nos chamaste; tu nos tiraste as folhas de figueira, esses trajes sórdidos, e nos revestiste com uma túnica de honra... De hoje em diante, quando chamares Adão, ele não terá mais vergonha, nem se esconderá mais, em virtude das recriminações de sua consciência, sob as árvores do paraíso. Tendo encontrado sua liberdade, ele aparece em pleno dia.[8]

As vestes litúrgicas

As vestes litúrgicas devem ser o sinal da função própria de cada ministro. É preciso, contudo, que elas também "contribuam para a beleza da ação litúrgica" (IGMR – Instrução Geral sobre o Missal Romano – 297). Elas marcam, portanto, uma investidura (lit: colocação de uma veste de função) e uma vontade de beleza festiva. A Igreja romana, desde o século V, se inspirou, para escolhê-las, nas vestes dos funcionários do Império, o que hoje pode dar-lhes uma aparência anacrônica e um tanto estranha.

---

[8] Gregório de Nissa, *In diem luminum*, Patrologie grecque, 46 600.

> ### As vestes litúrgicas
>
> - ALVA (do latim *albus*: branco): veste talar, de cor branca, usada pelos membros do clero durante a missa.
>
> - ESTOLA: fita larga, estofada, que é a insígnia daqueles que receberam o sacramento da ordem. Bispos e padres usam-na por trás do pescoço, e os diáconos a tiracolo.
>
> - CASULA: traje que reveste todo o corpo, sucessivamente traje profano, clerical, e depois reservado ao bispo e ao padre para celebrar a missa.
>
> - A DALMÁTICA é o traje do diácono. Era usada na Dalmácia desde o século II.
>
> No decorrer da história, as vestes litúrgicas foram associadas a *cores* consideradas simbólicas. O *branco* para os tempos felizes da Páscoa e do Natal. O *vermelho* para as festas que lembram o sangue de Cristo e os mártires assim como o fogo do Espírito. O *verde* para os momentos comuns da esperança. O *roxo* para os tempos de penitência (Advento e Quaresma), para a liturgia dos defuntos (eventualmente também o preto). E, enfim, o *rosa*, suavidade de uma meia-tinta para o terceiro domingo do Advento e o quarto domingo da Quaresma, quando se interrompe a penitência para um júbilo moderado.

A luz

Na vida cotidiana

As realidades do mundo não são em si mesmas simbólicas. É o olhar do homem que as torna símbolos: pelo que vê, ouve, toca, mostra, come ou bebe, ele percebe e exprime outras realidades. No caso da luz, são possíveis três abordagens:

Uma abordagem científica

Para a ciência moderna, a luz é constituída de ondas eletromagnéticas que se propagam à velocidade de 299.792,458 metros por segundo; ela é um fluxo de partículas energéticas de fótons. O cientista observa, analisa, descreve os fenômenos, eventualmente para dominá-los, canalizá-los...

Uma abordagem simbólica

Para todo ser humano, a luz não é apenas um fenômeno, mas também um símbolo. Sua preocupação primordial não é explicá-la, mas associá-la às experiências vividas, às significações que dá à sua existência. Para o homem, a luz está ligada a realidades diversas:

O dia e a noite, a luz e a escuridão: é uma alternância incessante de dois tempos que dá ritmo às atividades humanas. Sucessão de sono e de despertar, de trabalho e de repouso. Com períodos intermediários que têm sua cor e sua importância: a aurora, que anuncia a vinda do dia, e o crepúsculo, que prepara a noite. A cada hora do dia e da noite são associados sentimentos ricos e diversos: expectativa e esperança da manhã, quando as noites são longas, júbilo do pleno dia, angústias do cair da noite ou regozijo das vigílias festivas.

O ciclo das estações: o ciclo das estações é mais lento e mais longo. A cada estação, sua luz e suas cores e também suas atividades, suas festas, seus sentimentos. Um ciclo em que se combinam as revoluções dos astros luminosos: sol, lua, planetas e constelações... Uns sendo fontes de luz e os outros simples reflexos da luz do sol, ele que é, ao mesmo tempo, luz, fonte de vida e de calor.

A luz e o corpo: a visão. A luz é associada a um dos cinco sentidos: a visão. A luz torna todas as coisas visíveis. O olho não a vê, mas vê graças a ela. Simultaneamente à experiência do "ver", fazemos a do "não-ver". Somos ora cegos, ora videntes. Ora observamos e reconhecemos as pessoas e as coisas, ora passamos sem vê-las nem reconhecê-las.

Uma abordagem religiosa

Em todas as religiões, a luz é associada ao divino. Os astros exercem influência sobre os seres vivos: são considerados deuses e se oferecem sacrifícios a eles. Os calendários das festas religiosas são associados aos ciclos das estações e dos dias...

Na Bíblia

A criação da luz e do tempo

A narrativa da criação em Gn 1 conta, antes de mais nada, a criação do tempo, associada à criação da luz e das trevas, no ritmo dos grandes luzeiros cósmicos.

Tudo começa pela criação da luz.

> Deus disse: "Que exista a luz!" E a luz começou a existir. Deus viu que a luz era boa. E Deus separou a luz das trevas: à luz Deus chamou "dia", e às trevas chamou "noite". Houve uma tarde e uma manhã: foi o primeiro dia (Gn 1,3-5).

O tempo se baseia na separação, na descontinuidade. Ele é feito de alternância e de sucessão. É um tempo ritmado: a dois tempos, mas também a quatro tempos: o dia e a noite e, para passar de um ao outro, a tarde e a manhã.

No quarto dia, aparece a criação do que se poderia chamar de calendário.

> Deus disse: "Que existam luzeiros no firmamento do céu, para separar o dia da noite e para marcar festas, dias e anos; e sirvam de luzeiros no firmamento do céu para iluminar a terra". E assim se fez. E Deus fez os dois grandes luzeiros: o luzeiro maior para regular o dia, o luzeiro menor para regular a noite, e as estrelas... (Gn 1,14-19).

O tempo se torna cada vez mais complexo, pois cada luzeiro (compreendidas aí as estrelas) possui seu ciclo: o do sol, o das duas grandes estações (o verão e o inverno e seu solstício), também com suas duas estações intermediárias (o outono e a primavera com os equinócios), o da lua, dos planetas, das estrelas, enfim, com sua complexa revolução. O tempo também se humaniza, pois seus ciclos servem de base aos calendários humanos. Servem para marcar as festas, o ritmo dos dias, dos meses e dos anos, para o conjunto dos seres humanos, das religiões do planeta, com particularidades vinculadas ao local do globo onde habitam. As festas ligadas aos astros, assim como seu efeito sobre a vida da natureza, dos animais, dos seres humanos: semeaduras e colheitas, fecundidade e transumância, fases da vida humana...

Vem enfim, o sétimo dia:

> Após ter criado o homem e a mulher à sua imagem e semelhança [...] no sétimo dia, Deus terminou sua obra; descansou, no sétimo dia, de todo o seu trabalho. Deus então abençoou e santificou o sétimo dia... (Gn2,1-4).

Ao abençoar o sétimo dia, Deus, de certa forma, consuma a criação do tempo. O ritmo mais específico da marca divina na Bíblia é o ritmo hebdomadário, com o dom de um dia abençoado, de um dia de repouso, de abstinência e de deleite. Esse dia já se inscreve em um contexto de Aliança, pois é como que a assinatura do criador e a advertência às criaturas de que toda a criação é um dom gratuito de Deus. Um dia em que também o homem é convidado à bênção e à ação de graças. Um dia para lembrar-se dos dons de Deus, dos quais o Gênesis só nos conta os primórdios.

Deus em claro-escuro

Ao longo do Antigo Testamento, a revelação de Deus é associada a uma experiência de sombra e de luz, com abundância de imagens. A da nuvem e a da coluna de fogo que guiam o povo pelo deserto (cf. Ex 13,21). A da densa nuvem negra onde se encontra Deus quando vai falar com Moisés e revelar os termos da Aliança (cf. Ex 20,21). A da luz que se ergue das trevas para o povo oprimido (cf. Is 9,1-6). A da iluminação do rosto de Deus implorada pelo salmista para que mostre aos homens bem-aventurança e amor: "Senhor, levanta sobre nós a luz da tua face!" (Sl 4); "Faze brilhar a tua face, e seremos salvos!" (Sl 79).

Cristo, luz de Deus

São João apresenta Cristo como a luz de Deus que vem ao mundo e que ilumina todo homem. Assim, Jesus diz de si mesmo: "Eu sou a luz do mundo. Quem me segue não andará nas trevas, mas possuirá a luz da vida" (Jo 8,12; 9,5). E João prossegue, em sua primeira Carta: "Deus é luz e nele não há trevas" (1Jo 1,5).

Os cristãos, filhos da luz

Os cristãos são convidados a viver como filhos da luz. Jesus diz aos que crêem nele: "Vocês são a luz do mundo[...]. Que a luz de vocês brilhe diante dos homens, para que eles vejam as boas obras que vocês fazem, e louvem o Pai de vocês que está no céu" (Mt 5,14-16). E são Paulo recomenda aos cristãos: "Outrora vocês eram trevas, mas agora são luz no Senhor. Por isso, comportem-se como filhos da luz" (Ef 5,8).

> Vinde, Espírito Santo, aos nossos corações
> e enviai do céu
> um raio de vossa luz,
> Vinde, luz de nossos corações.
> Ó luz bem-aventurada,
> vinde encher até o íntimo
> o coração de todos os vossos fiéis (Oração de Pentecostes).

Na liturgia e na oração

A luz do batismo

A celebração do batismo dá um lugar importante ao símbolo da luz. Os batistérios eram chamados "iluminadores", lugares em que se era iluminado. O catecúmeno renunciava ao mal, voltado para o ocidente, onde o sol se põe, e voltava-se para o oriente, de onde nasce a luz, para a profissão de fé e a descida ao banho, chamada "iluminação", pois aqueles que recebem esse ensinamento têm o espírito iluminado (são Justino).

> Quando, então, renuncias a Satanás... abre-se para ti o paraíso de Deus, que ele plantou para o lado do oriente... Disto é símbolo o

gesto de te voltares do ocidente para o oriente, lugar da luz. Então te foi ordenado que dissesses: "Creio..." (Cirilo de Jerusalém).

Na catequese, retomam-se os aspectos desenvolvidos acima. Na celebração também, pois o batizado recebe a luz de Cristo quando sobre ele se coloca uma vela acesa no círio pascal, dizendo-lhe:

> Recebam a luz de Cristo. Queridas crianças, vocês foram iluminadas por Cristo para se tornarem luz do mundo. Com a ajuda de seus pais e padrinhos caminhem como filhos e filhas da luz (*Ritual do batismo de crianças*).

A luz e o tempo

Os cristãos deram um sentido próprio à sucessão do dia e da noite e aos ciclos das estações. A luz que diminui no crepúsculo, ou no fim do outono, é associada ao aspecto frágil, efêmero da condição humana, à esperança e à expectativa do dia e da ressurreição: a liturgia das horas leva-a em conta. O sétimo dia, dia de descanso, é seguido pelo primeiro dia da semana, o dia do Senhor, o domingo (em latim *dominica dies*), que se torna para os cristãos o dia memorial da ressurreição de Cristo, dia inaugural da nova criação. O ano litúrgico abraça o ritmo das estações. Jesus, luz do mundo, é festejado principalmente na Páscoa e no Natal. Sua ressurreição é associada à luz da manhã e à vida que renasce na primavera. As noites mais longas do ano, nos solstícios do inverno, são associadas ao tempo do advento, à experiência da expectativa da luz. À riqueza também da experiência das longas noites das gestações e da paciência. As luzes da noite de Natal não são as do dia, mas a dos pirilampos das guirlandas, dos abetos e das manjedouras... Elas convidam a descobrir o que há de luminoso no próprio coração da noite.[9] Para os cristãos, o próprio Deus continua um Deus oculto, discreto.

> [...] Nós te bendizemos, tríplice luz... Tu nos libertaste das trevas, tu produziste a luz a fim de tudo criar nela.

---

[9] Isso só vale para aqueles que vivem no hemisfério norte. Para os cristãos do hemisfério sul tudo funciona no sentido contrário, no plano simbólico. O que não deixa de suscitar problemas.

Tu deste consistência à matéria, fazendo disso o rosto do mundo
e a forma de sua beleza.
Tu iluminaste o espírito do homem, dando-lhe razão e sabedoria.
Em toda parte se encontra o reflexo da luz eterna,
Porque na luz o homem descobre seu esplendor
e tudo se torna luz.[10]

Sobre o tema da luz nas celebrações cristãs, vide exemplo no fim do volume, pp.143-145.

---

[10] GREGÓRIO NAZIANZENO. *Poésie liturgique,* Mame, 1963, pp. 161-162.

2

A CONFIRMAÇÃO

A confirmação é um dos três sacramentos da iniciação cristã. Portanto, só pode ser bem compreendida em relação com o batismo e a eucaristia. Na prática pastoral atual, freqüentemente é recebida pelos jovens que foram batizados na infância e não se lembram de mais nada a seu respeito. Daí a importância de apresentar a confirmação em continuidade com o batismo e seus símbolos.

Experiências simbólicas

Nascer e crescer

O nascimento é um começo, para aquele que nasce, mas também para aqueles que lhe dão a vida. Para tornar-se um ser autônomo, a criança precisa de cuidados, de afeição, de acompanhamento, de confiança. Também tem necessidade de ser iniciada, de saber como enfrentar dificuldades, provas. Deve aprender a encontrar seu lugar na sociedade. A confirmação é a seqüência lógica do batismo, seu desabrochar. Quando semeia um grão, o jardineiro espreita o aparecimento dos primeiros rebentos, para ver se a semente criou raízes. Passa então a cuidar da planta, regando-a e observando seu crescimento. Para o grão da fé semeado no batismo, a Igreja faz o mesmo, sabendo que sua missão é vigiar a germinação, cuidar do batizado, acompanhá-lo, ciente de que é o Espírito de Deus que faz enraizar e crer na fé. "Aquele que planta não é nada, e aquele que rega também não é nada: só Deus é que conta, pois é ele quem faz crescer" (1Cor 3,7). Para os adultos, isso é vivido de outra maneira quando renascem para situações novas. Neófitos, eles precisam encontrar seu lugar, inventar seu caminho e também têm necessidade de acompanhamento.

Afirmar-se perante os outros

A auto-afirmação, tarefa sem fim para todo indivíduo, comporta etapas, limiares a transpor. Por exemplo, quando ele adquire autonomia nos diversos domínios da vida, quando se torna capaz de agir e de escolher sozinho, assumindo riscos: andar, dirigir e dirigir-se, decidir-se por tal ou tal coisa. Na infância, os pais fazem as escolhas para seu filho. Progressivamente, é preciso afirmar-se diante deles, decidir por si mesmo, tornar-se adulto. Os pais e os adultos que cercam a criança mudam de papel. Já não precisam escolher por ela, limitando-se a propor, incentivar, apoiar.

> O acesso à confirmação é uma iniciativa pessoal... É desejável que uma proposta explícita e motivada à criança suscite de sua parte uma demanda explícita apoiada por seus pais (Ritual francês).[*]

Não se adquire autonomia, capacidade de decidir, sem o acompanhamento, o apoio de outros. As escolhas essenciais de cada um devem fundar-se sobre sua inteira liberdade, embora também tragam necessariamente a marca dos outros. As propostas, os apelos e os estímulos alheios são outras tantas maneiras de confirmar as próprias decisões. Não se adquire autonomia contra os outros e sem os outros, mas com eles. Cabe-lhes permitir que o indivíduo voe com suas próprias asas, encorajá-lo a tomar iniciativas para que infunda sangue novo e energias novas em seu meio, tornando-se ativo e empreendedor pelo sopro do Espírito.

Uma experiência pascal

Pelo poder do Espírito, a Igreja faz nascer o batizado para a vida de Deus. O próprio Espírito persegue e alcança aquilo que começou (cf. Fl 1,6), consolidando o que as mãos da Igreja empreenderam (cf. Sl 89,17). Essa passagem à autonomia é uma maneira de

---

[*] O cânon 891 do Código de Direito Canônico recomenda que o sacramento da confirmação seja conferido próximo à idade da discrição (7 anos completos), mas o mesmo cânon permite liberdade às Conferências Episcopais quanto à escolha da idade mais apropriada para se receber o sacramento. No Documento "Pastoral da Confirmação", a CNBB não fixou uma data para todo país, mas a maioria das dioceses do Brasil costuma crismar adolescentes entre 12 e 16 anos, idade essa que permite ao crismando assumir sua responsabilidade de cristão.

atualizar seu batismo, de concretizá-lo. Pelo batismo, ele passou, com Cristo, da morte para a vida, porém essa experiência era inaugural. Anunciava que toda a sua vida humana estaria, por assim dizer, sob o signo pascal, sob o signo de uma passagem para viver o dia-a-dia, para viver também de maneira mais forte certos momentos decisivos. A passagem da infância para a idade adulta constitui um desses momentos, como o exprimiu um aluno do liceu:

> Hoje estou morto. Essa morte foi anunciada. Eu sabia que, cedo ou tarde, deveria abrir os olhos para viver entre os homens e pelos homens. Contudo, essa morte é dolorosa. Eu queria apenas ser. Desejava sem cessar ficar estupefato diante do surpreendente espetáculo da vida. Erguendo-me, já lamentava aquilo que fui e media a amplitude de minha perda. Perdera essa inocência e essa capacidade de me surpreender, que ainda ontem me permitia me fascinar diante de todas as coisas e sobreviver neste mundo onde, agora, tudo carece de explicação. Cresci.[11]

Receber a marca do outro

O ser humano é um ser marcado. Ele traz em si diversas marcas simbólicas. Marcas genéticas, que são os traços daqueles que o conceberam e o engendraram. Marcas culturais: seu nome, sua língua, seu sotaque, seus trajes, suas insígnias... Marcas diversas em seu corpo e em seu caráter, vinculadas à sua história... Ele mesmo imprime sua marca pessoal a seu território, a seu gado, aos objetos que lhe pertencem.

Quando se trata de duas pessoas que levam uma vida em comum e se entregam mutuamente, em um pacto de confiança e de fidelidade, as marcas não afetam apenas as coisas, mas a profundeza mesma de seu ser. Marcas visíveis, um objeto que se leva, por exemplo, mas também invisíveis. Cada um traz em si a marca de um outro. Ele é "alterado", no sentido etimológico da palavra e no sentido figurado; torna-se sedento do outro, que daí em diante lhe faz falta e cujos vestígios estão presentes em seu espírito e em seu coração. Marcas de reconhecimento e de pertença mútua que se experimen-

---

[11] Texto extraído de *Écrits crus*.

tam no amor e na amizade sob suas diversas formas. Vestígios de uma ferida, aberta ou cicatrizada. Dá-se o mesmo na relação com Cristo. Quando Tomé contempla e toca as marcas dos cravos e da lança, ele crê porque as vê, não mais como sinais de uma derrota ou de uma ignomínia, mas como chagas de amor (cf. Jo 20,27), ferimentos que curam (cf. 1Pd 2,24). Marcas de uma missão, enfim, para são Pedro. "Não tenho ouro nem prata, mas o que tenho eu lhe dou: em nome de Jesus Cristo, o Nazareu, levante-se e comece a andar!" (At 3,6).

Infâncias e adolescências

Nas sociedades tradicionais estáveis, a passagem da infância ao mundo dos adultos dava lugar a ritos de iniciação freqüentemente muito desenvolvidos: separação dos pais, longos estágios probatórios, experiências simbólicas e, enfim, a agregação dos novos iniciados à comunidade de adultos, na presença de todos. Esses ritos persistem nas sociedades modernas, embora de forma dispersa e fragmentária. Os modos de vida estão em perpétua evolução. Os modelos que a sociedade propõe são pulverizados. Os indivíduos vivem uma multiplicidade de pertenças. Por outro lado, já não se passa diretamente da infância ao mundo dos adultos. A época moderna viu se instaurar um período intermediário: a adolescência, que é bem prolongada. Ela começa cedo e pode durar além da puberdade. O acesso ao mundo do trabalho, a passagem a uma relativa estabilidade nas relações amorosas, a autonomia em relação aos pais são indicadores de que se saiu desse período.

Tudo isso leva a encarar por um novo prisma a dimensão simbólica dessa passagem. Há pouco tempo, passava-se de uma coerência simbólica homogênea a uma outra. As crianças viviam valores e referências comuns na família, na escola, na aldeia. Com o fim da puberdade, elas trabalhavam e se integravam aos adultos, com outras referências que lhes eram bastante familiares, tanto no domínio social como no domínio religioso. De uma parte, a escola e o certificado de conclusão dos estudos e, de outra, o catecismo, a confirmação e a comunhão solene funcionavam como iniciação. No plano eclesiástico, as novas condições de vida das crianças e dos adolescentes obrigam a repensar o papel e o lugar dos sacramentos de iniciação cristã. A confirmação pode, por exemplo, funcionar como estágio de iniciação, copiando o modelo de sociedades pré-modernas? Com que idade, então, propô-la? Em que idade recusá-la? Mas, então, que propor como acompanhamento espiritual, como passos simbólicos durante esses longos anos de adolescência?

Símbolos e ritos

O gesto ritual da confirmação consiste na unção de óleo, acompanhada de um sinal-da-cruz pelo bispo na fronte daquele que recebe a confirmação, ou melhor, a marca do Espírito Santo, o Espírito de Pentecostes. Limitar-nos-emos aqui ao desenvolvimento da simbologia do óleo e do fogo.

O óleo

Na vida cotidiana

Um elemento original

Produto natural, mas também cultural, o óleo tem larga aplicação na vida cotidiana, seja na alimentação, na proteção da pele, nos tratamentos de beleza, seja na lubrificação dos carros etc. Na cultura mediterrânea, o óleo de oliva é um produto básico que nutre, cura, amacia, ilumina.

Na Bíblia

Como o pão, o vinho e o mel, o óleo é um elemento simbólico importante na vida religiosa de Israel, país onde se planta a oliveira.

- *Óleo de oblação*. Testemunha a abundância da bênção divina. Deus deu a seu povo uma terra fecunda. Derramado sobre o altar do sacrifício, serve para amassar o pão oferecido.

- *Óleo da alegria* e do júbilo pela bondade de Deus, assim como pelo bem-estar de uma convivência fraternal e amistosa. "É como óleo fino sobre a cabeça, descendo pela barba, a barba de Aarão; descendo sobre a gola de suas vestes" (Sl 132).

- *O azeite que dá brilho ao seu rosto* (Sl 103).

- *Óleo perfumado*, pela unção e consagração dos reis e dos sacerdotes: "com esses ingredientes, faça o óleo para a unção sagrada, um perfume aromático, segundo a receita de perfumista" (Ex 30,25). "Samuel pegou a vasilha de óleo, e o derramou sobre a cabeça de Saul. Depois o beijou e disse: 'o Senhor ungiu você para ser chefe sobre Israel, seu povo' " (1Sm 10,1).

Na liturgia e na oração

A missa do crisma

O óleo é um símbolo utilizado no batismo e na confirmação, mas também nas ordenações e no sacramento dos doentes. Na celebração da "missa do crisma", que ocorre na manhã da Quinta-feira Santa, o bispo consagra o "santo óleo" e abençoa os outros óleos, o dos enfermos e o dos catecúmenos. Nessa ocasião, ele convida todos os padres de sua diocese, assim como os leigos que desejarem participar dessa celebração que manifesta a plenitude de seu sacerdócio episcopal e a estreita união dos padres consigo. Após a celebração, estes pegam os santos óleos que lhe servirão para os referidos sacramentos. Os óleos santos são assim um símbolo maior da unidade das Igrejas locais em torno do bispo e de seu presbitério. Símbolo de vigor, de reconforto, de cura, de inteligência e de energia, símbolo de todos os dons do Espírito Santo, dizem os oficiantes dessa celebração.

No batismo e na confirmação

"... Deus te marque com o óleo da salvação para que permaneças em Cristo", diz o padre fazendo a unção do santo óleo, quando o batismo não é seguido imediatamente pela confirmação.

"Recebes, por este sinal, o Espírito Santo, o dom de Deus", diz aquele que confirma e impõe a mão para a unção do óleo na confirmação. Uma palavra muito forte. Pela confirmação, o batizado recebe a marca de um Outro, do Espírito do Pai e do Filho. Ele já a recebeu quando foi mergulhado na água do batismo, e continua a recebê-la pela unção da confirmação. Essa marca é como que um traço indelével que exprime e imprime o dom que Deus faz ao batizado de sua própria vida, de seu próprio Espírito, de seu poder de amor e de vida. O batismo e a confirmação nos marcam para sempre: pertencemos a Deus, somos seus filhos e suas filhas, habitados por seu Espírito.

Pelo batismo e pela confirmação somos marcados por um gesto de unção com o óleo perfumado, que se chama "santo óleo", um gesto extremamente delicado. As palavras "cristo" e "crisma" têm a mesma raiz. É "cristo" (sinônimo de Messias) aquele que recebeu a unção do óleo. Pela unção o batizado é "cristificado", feito à imagem de Cristo, "Messias crucificado" (1Cor 1,23). O óleo embalsamado impregna, a um só tempo, seu corpo e sua personalidade, no que ela tem de único, por Deus e pelos outros. Ele também se torna, "o bom perfume de Cristo" (2Cor 2,15). Diz-se, com freqüência, que certos indivíduos respiram a alegria, a bondade, através do que dizem e do que fazem, mas também através do que são. É característico do perfume irradiar-se sem que a pessoa que dele está impregnada se dê conta. O óleo amacia e fortifica, seu perfume indica que o batizado recebe a missão de propagar o amor de Deus, à imagem de Cristo. Pelo que diz e pelo que faz, mas também pelo que é.

A unção do óleo santo pelo bispo

(ou por quem lhe faça as vezes)

O gesto da confirmação é essencialmente o gesto da unção do santo óleo, mas é ao mesmo tempo uma imposição da mão para invocar o Espírito e um sinal-da-cruz que lembra a pertença a Cristo. Além disso, como Samuel, o bispo, nos primórdios da Igreja beijava fraternalmente o batizado marcado pelo Espírito Santo. O batismo não é um gesto particular, pois dá acesso à Igreja fundada por

Cristo e encabeçada pelos bispos e pelos padres sucessores dos apóstolos. A Igreja apostólica é uma fraternidade universal, não uma família particular ou um grupo de bons amigos. Uma Igreja, cuja razão de ser é a missão recebida de Cristo: viver e anunciar o Evangelho. A confirmação está para a batismo como Pentecostes para a Páscoa. A festa de Pentecostes celebra a irrupção do Espírito Santo nos discípulos de Jesus, reunidos após sua morte, que acreditaram em sua ressurreição e o reencontraram, embora tivessem permanecidos fechados em si mesmos, em seu medo.

A confirmação é o desdobramento do batismo, seu desabrochar, e o ministério do bispo ou do padre nessa ocasião é a expressão do dom do Espírito em plenitude. É o Espírito que dá força e alegria para testemunhar. O testemunho faz crescer a fé. Vivendo como Jesus e seguindo seus passos é que nós o amamos melhor e conhecemos a mesma alegria que ele.

> É daqui que eles partem para o Monte das Oliveiras. Partamos nós também para encontrar as mãos dos pobres, pois elas são nosso Monte das Oliveiras. Sim, a multidão de pobres é como uma oliveira semeada na casa de Deus. É de lá que se escorre aos poucos o óleo que nos será necessário em nossa morte, o óleo que as cinco virgens guardaram e que outras cinco, que não o vigiaram, esqueceram, tendo assim perecido. Munamo-nos, meus irmãos, desse óleo e caminhemos de candeias acesas ao encontro do Esposo. Com elas ainda, saiamos deste lugar. Que todos aqueles que são cruéis ou desumanos, duros, implacáveis, ou impuros, não se aproximem desta mesa.[12]

O fogo

Na vida cotidiana

Um elemento misterioso

A produção e a manutenção do fogo foram descobertas decisivas na história da humanidade. Representaram um avanço impor-

---

[12]JOÃO CRISÓSTOMO. *La messe*. Paris, Grasset, 1964 (homilia sobre Mt 26,30).

tante para nossos ancestrais, como meio de proteção contra o frio, mas também na cocção e conservação dos alimentos. O fogo alterou seus modos de vida e suas representações. Entre os quatro grandes elementos universais, o fogo ocupa lugar privilegiado. A terra, a água e o ar são elementos constantes e familiares. Já o fogo é mais misterioso. Ele vive e morre, aparece e desaparece, acende-se e apaga-se, renasce das cinzas. É energia, movimento, calor. Na maioria das religiões, é divinizado, à imagem de Deus, e associado à sua presença.

Um elemento paradoxal

Assim são os grandes símbolos: comportam significações contraditórias. O fogo atrai e amedronta. Acarreta a morte, pois, queima, destrói e consome. Contudo, também suscita a vida, aquece, purifica e regenera. É brasa, centelha ou chama, a cada instante semelhante e diferente. Na vida moderna, o fogo é aprisionado nas lâmpadas elétricas, nas resistências. É um fogo morto. Numa chaminé, numa lâmpada a óleo, num círio, a chama do fogo é viva e motriz. Ela recorta as sombras e lhes dá vida. A chama de uma vela permite olhar a noite, vê-la, desenhar-lhe as formas, enquanto a eletricidade a faz desaparecer.

Na Bíblia

O fogo da vida

Em hebraico, homem se diz *ish*, mulher *ishá* e fogo *esh*. O homem é, por assim dizer, um fogo vivo, seu corpo é calor e combustão, e talvez nisso também ele se assemelhe a Deus, esse fogo que arde eternamente, essa sarça ardente que não se consome, essa fornalha de amor que não se apaga. "O anjo do Senhor apareceu a Moisés numa chama de fogo do meio de uma sarça. Moisés prestou atenção: a sarça ardia no fogo, mas não se consumia" (Ex 3,2).

O fogo da aliança

Nos grandes momentos da Aliança, Deus se manifesta sob a forma de fogo. "Quando o sol se pôs e veio a noite, uma labareda fumegante e uma tocha de fogo passaram entre os animais divididos" (Gn 15,17). "Existe, por acaso, um povo que tenha ouvido a voz do Deus vivo, falando do meio do fogo, como você ouviu, e ainda permaneceu vivo?" (Dt 4,33).

O fogo da presença

Um fogo vivo arde dia e noite e permanece aceso o tempo todo na lâmpada a óleo diante do santuário. Ele exprime a presença real de Deus à frente e no meio de seu povo, guiando-o e acompanhando-o.

> O Senhor ia na frente deles: de dia, numa coluna de nuvem, para guiá-los; de noite, numa coluna de fogo para iluminá-los. Desse modo, podiam caminhar durante o dia e a noite (Ex 13,21).

> Mande que os filhos de Israel tragam para você azeite de oliva... para manter as lâmpadas sempre acesas. Na tenda da reunião... a lâmpada ficará nesse lugar diante do Senhor, ardendo continuamente, desde a tarde até a manhã (Lv 24,2-4).

O fogo do Espírito, fogo do amor

No Novo Testamento, o fogo é antes de tudo interior. É o fogo do amor que Jesus veio lançar sobre a terra (cf. Lc 12,49). Amor que se acende em toda pessoa pelo batismo em nome de Jesus, aquele "que batizará vocês com Espírito Santo e com fogo" (Lc 3,16). Fogo do amor que arde no coração dos discípulos que ouvem a Palavra do Senhor no caminho de Emaús e o reconhecem na partilha do pão (cf. Lc 24,32).

Esse amor ardente é derramado sobre toda a terra pelo Espírito que desce sobre os apóstolos e os manda proclamar as maravilhas de Deus. Ele se manifesta sob a forma de "línguas de fogo, que se espalharam e foram pousar sobre cada um deles. Todos ficaram repletos do Espírito Santo, e começaram a falar em outras línguas" (At 2,3-4).

A imagem das línguas é importante. Ao mesmo tempo que órgão da Palavra, o termo designa a linguagem, a cultura própria de cada pessoa, de cada povo. O acontecimento de Pentecostes significa o dom do Espírito de Deus a cada pessoa, a cada cultura. Ela recebe o dom de falar a língua de Deus, de abrasar-se do amor de Deus em sua própria língua materna, de compreender e falar outras línguas além da própria. Falar a língua universal do amor que se divide em todas as línguas da Terra, a língua paterna comum a todos os filhos do Pai, uma língua de fogo.

Na liturgia e na oração

Acender a luz, o lucernário

Um gesto simbólico cotidiano para os primeiros cristãos ao cair da noite: o lucernário. Um rito familiar portador de alegria e de segurança. Um gesto realizado também quando a comunidade se reúne. Acender uma luz é um gesto técnico e útil. Entretanto, o gesto torna-se simbólico quando ela é acesa diante de todos, lentamente e com cuidado. A chama da lâmpada a óleo ou do círio torna-se sinal da presença de uma luz na noite: Cristo ressuscitado. O gesto assume toda a sua força simbólica quando acompanhado de uma bênção (uma oração que exprime o louvor a Deus por Cristo) e de uma aclamação, como a que data das origens da Igreja.

> Alegre luz da santa glória do Pai celeste imortal,
> santo e bem-aventurado Jesus Cristo.
> Vindo ao cair do sol, contemplando a luz da noite,
> cantamos o Pai e o Filho
> e o Santo Espírito de Deus.
> Tu és digno sempre de ser louvado pelas santas vozes,
> Filho de Deus que dá a vida!
> Assim o mundo te glorifica.[13]

Um gesto que talvez deva ser redescoberto e valorizado em certas circunstâncias, particularmente para iniciar certas celebrações.

Acender o fogo novo na vigília pascal

A vigília pascal tem início com a celebração do fogo novo. Ele é aceso e abençoado ao cair da noite; em seguida, acende-se o círio pascal com sua chama. E, em procissão, aclama-se Cristo, luz

---

[13] *Hymnes et prieres*. Fleurus. t. 2, p. 131. (col. Vivante Tradition).

do mundo. Um momento importante do ano litúrgico, que deve ser preparado e vivido com intensidade, pois o mistério da ressurreição de Cristo em que ele nos introduziu está no centro da fé. Com as tochas acesas nas mãos, os cristãos esperam seu mestre, a fim de que ao voltar ele os encontre em vigília e os faça sentar-se à mesa.

O círio pascal aceso nessa vigília continuará presente durante todo o ano diante da assembléia cristã, sobretudo no período pascal. A vela que os batizados recebem no dia do batismo é acesa no círio pascal.

> Na graça desta noite, vosso povo
> acende um sacrifício de louvor;
> acolhei, ó Pai santo, o fogo novo:
> não perde, ao dividir-se o seu fulgor.
> Cera virgem de abelha generosa
> ao Cristo ressurgido trouxe a luz:
> eis de novo a coluna luminosa,
> que vosso povo para o céu conduz.
> O círio que acendeu as nossas velas
> possa esta noite toda fulgurar;
> Misture sua luz à das estrelas,
> cintile quando o dia despontar.
> Que ele possa agradar-vos como o Filho,
> que triunfou da morte e vence o mal:
> Deus, que a todos acende no seu brilho,
> e um dia voltará, sol triunfal.
> (Extraído da Proclamação da Páscoa no missal)

Quando se transmite a chama, sua claridade não diminui

Para concluir, retenhamos esta frase da liturgia pascal. A chama do amor de Deus, da vida de Cristo ressuscitado, mantém-se por sua transmissão. E aquele que a recebe, recebe-a inteira, tão forte e viva quanto a chama da qual a extraiu. Como as línguas de fogo que vêm do Espírito único de Deus e pousam sobre cada um.

Um gesto importante para ser vivido e cultivado com verdade e intensidade: o gesto de partilhar o fogo (como se partilha o pão) nas celebrações da luz (Páscoa, batismo, confirmação, Pentecostes...), quando cada um recebe a chama e a comunica aos outros.

3

A EUCARISTIA

A iniciação cristã se consuma com a participação na primeira eucaristia. Batismo e confirmação são recebidos apenas uma vez, enquanto a primeira eucaristia inaugura uma participação regular na ceia do Senhor. É por meio dela que o batizado/crismado recebe sua plena inserção no corpo de Cristo, em sua Igreja. A eucaristia é a conseqüência do batismo e da confirmação. Sem a participação na ceia do Senhor, em comunhão com os outros irmãos e irmãs da Igreja, batismo e confirmação não poderiam ser considerados senão em seu aspecto individual. Se não desembocarem na partilha da palavra, do pão, do cálice, na convivência com o Cristo, para receber seu Espírito e ser enviado por ele ao centro do mundo, esses dois sacramentos ficarão incompletos. Como uma amizade ou um amor sem vida comum, sem partilha, sem projetos comuns e sem desejo de realizá-los em conjunto.

A eucaristia é o ápice de todos os sacramentos da Igreja. Para obedecer a Cristo, para rememorar sua vida, morte e ressurreição, para lembrar-se do dom total que ele fez de sua pessoa, a Igreja, desde que existe, toma o pão e o vinho, dá graças, parte o pão e bebe do cálice. A missa não faz parte das preocupações e da vida de muitas pessoas, embora se insira nas dimensões essenciais de toda existência humana.

Experiências simbólicas

Receber a vida, abençoar e reconhecer um amor

A primeira experiência humana é a recepção da vida. Somos frutos de um dom. Foi-nos dado o dom de ser pessoas únicas.

Cada um de nós é um universo à parte, com todas as possibilidades de seu corpo, com sua capacidade de amar e de compreender. Com todos os seres vivos, fazemos parte da criação, e a vida é coisa boa, que suscita a alegria de existir, o júbilo, a bênção. O dom da vida manifesta um amor precedente. Aqueles que fazem nascer uma criança lhe dão o mais importante de si mesmos. Ela recebe a vida de suas pessoas, de seus corpos, naquilo que eles têm de mais íntimo, de mais fundamental, de sua união amorosa. Quando se casam e se unem para doar a vida, eles dizem um ao outro, de algum modo: "Este é meu corpo para você". Em seguida, quando esperam e acolhem seu filho: "Esse é nosso corpo, nossa pessoa, para você, que nasce de nós, que cresce e se desenvolve com nossos cuidados, com nossa ternura".

O primeiro grito da fé é expresso como um grande obrigado, uma bênção. Ele une o júbilo de Deus, que achou bom o que havia feito (cf. Gn 1), e nós lhe dizemos em troca que aquilo que ele fez é "bem-feito". A eucaristia é, antes de mais nada, participação no louvor cósmico. Ser de palavra, o homem tem como vocação emprestar sua voz ao louvor silencioso de todas as criaturas (cf. Sl 8; 18; 103; 148). O povo de Israel compreendeu a criação como a manifestação de uma bondade, e sua própria história como história de aliança, de amor. Deus se deu a conhecer como um Deus que tudo criou por amor. Em Jesus, esse amor tomou uma aparência surpreendente, inesperada, inaudita. Deus quis se dar à humanidade não como puro espírito, como anjo, mas tornando-se carne de nossa carne, partilhando tudo de nossa vida, aceitando viver conosco, como nós, e morrer por nós. Lembrando-nos também daquilo que está inscrito no mais profundo de nossa humanidade: não existe amor maior do que dar a vida pelos amigos, mesmo se eles não merecerem... (cf. Jo 15,13; Rm 5,1-11).

Dar gratuitamente

Com o aparecimento da humanidade, surge a experiência do dom e da troca e, portanto, da capacidade de simbolizar. Com efeito, através daquilo que é dado — os esposos, os bens, o tempo, os presentes, o dinheiro, um aperto de mão ou um beijo — se exprime e se estabelece um vínculo entre grupos e pessoas. Um vínculo colorido por uma história comum, por sentimentos diversos e, talvez, ambivalentes: assim pode-se procurar agradar igualmente a si mesmo antes de agradar os outros, pode-se dar um presente suntuoso para marcar uma diferença e até uma superioridade, pode-se dar na esperança de uma retribuição melhor... Todavia, pode-se dar também por pura graça, pela simples alegria de dar, de agradar, sem nada esperar em troca. Pode-se dar coisas, ou a si mesmo ao outro, por pura gratuidade, para que ele viva e seja feliz. A doação de sangue, de órgãos, a doação de si na cabeceira dos doentes, dos moribundos, a doação da própria vida quando se é amarrado ao poste de execução ou pregado numa cruz, tantas experiências que fazem pressentir o que é a graça. A vida e o amor, como tantos outros gestos de humanidade, são dons gratuitos. Eles não são (em princípio) objetos de cálculo, de comércio. Viver, amar, auxiliar, partilhar, perdoar, tantos valores que não são comerciais. Quando se doa a vida a uma criança, quando se auxilia um homem angustiado, quando se estende a mão a um amigo, não se pensa em apresentar-lhe a fatura. Quando se ama alguém, não se pode obrigá-lo a amar em troca, muito menos comprar seu amor. "Quisesse alguém dar tudo o que tem para comprar o amor... seria tratado com desprezo" (Ct 8,7).

"Os sacramentos produzem, aumentam a graça, dão as graças" — expressões equívocas nos catecismos antigos que, com freqüência, acarretam concepções mágicas dos sacramentos. A graça não é uma coisa produzida, mas uma qualidade de relação, uma troca gratuita, desinteressada, entre pessoas que confiam umas nas outras, e não uma realidade pagável e negociável, uma proteção, uma vacina, um amuleto, uma garantia. A graça é uma qualidade de Deus, por excelência. Nele há dom total e desinteressado de si mesmo, assim como o perdão sem limite.

A oferenda e o sacrifício

Sacrifício, palavra de que ninguém gosta. Freqüentemente é apresentada como uma privação vivida por si mesma. Quanto mais a pessoa se priva, mais se despoja e mais méritos tem. A palavra "sacrifício" significa "oferenda sagrada". Corresponde ao que acabamos de dizer sobre o dom e a graça. Soa hoje como experiência negativa. Ser pai, por exemplo, comporta necessariamente sacrifícios. O desconforto da gravidez, as noites insones, a perda da tranqüilidade etc., tantas coisas negativas em si mesmas. Todavia, esses sacrifícios, se vividos como presentes, como dons feitos ao filho que se ama, tornam-se para os pais experiências positivas que os constroem e criam laços mais fortes entre eles e seu filho. Nossas vidas são plenas de sacrifícios positivos quando vividos como dons feitos a outrem, por amor.

O sacrifício de Jesus, às vezes, é apresentado na Igreja de maneira "dolorista" e negativa. Os sofrimentos de Jesus aplacaram a ira de Deus, cantava-se no Natal. Um Deus sádico que, por assim dizer, se compraz com os sofrimentos de seus fiéis, tornando-os submissos e masoquistas... A significação do sacrifício é positiva, no entanto, na vida cotidiana e na apresentação da missa.

Na oração eucarística, rememoramos o sacrifício de Jesus, a escolha que ele fez, por pura graça e por amor à humanidade, ao aceitar sofrer e morrer como nós e por nós. Ele não foi o único a se sacrificar, a entregar a própria vida pelos outros. Mas seu sacrifício, enquanto filho de Deus, ilumina e torna plenas de sentido todas as oferendas que os homens de todos os tempos fazem de si mesmos para vencer o ódio, a injustiça e o egoísmo.

> Estando para ser entregue e abraçando livremente a paixão, ele tomou o pão, deu graças, e o partiu e deu a seus discípulos dizendo:
> "Tomai e comei todos vós:
> isto é o meu corpo que é dado por vós...
> Fazei isto para celebrar a minha memória" (Oração eucarística II).

A eucaristia, uma ação de graças

"Há mais felicidade em dar do que em receber" (At 20,35).

Tornar-se um ser humano capaz de humanidade é antes de mais nada aprender a dizer obrigado, a dar gratuitamente, a perdoar e também a pedir. A família é o lugar dessa aprendizagem fundamental na vida cotidiana. Há duas etapas nessa aprendizagem. Primeiramente, pedir; depois, reconhecer que se recebe qualquer coisa. "Por favor... O que se diz?... Obrigado..." O que como, o que me oferecem, o que sou, tudo isso me é dado. Sou um ser livre e autônomo, mas também devedor, sem nenhum direito de propriedade sobre os seres e as coisas, pois meu ser, minha liberdade, eu os recebi. Em seguida, nomear a pessoa a quem me dirijo, que me dá qualquer coisa, e dizer: "Obrigado, mamãe... Perdão, Senhor..." Não olho apenas o que o outro dá, mas seu rosto, sua pessoa. Digo seu nome. Isso também se aplica a Deus, que Jesus propõe que chamemos de Pai: "Quando vocês rezarem, digam: Pai" (Lc 11,2).

A eucaristia significa "ação de graças" em suas duas dimensões. Trazemos o pão, o vinho, frutos da terra e do trabalho dos homens, e abençoamos aquilo que nos é dado. Lembramos as maravilhas de Deus na criação e na história. E a maravilha das maravilhas é o dom que ele nos faz de si mesmo em Jesus, seu próprio Filho, morto e ressuscitado. Nós o reconhecemos como nosso Pai e proclamamos sua bondade sem limite, sua graça, sua santidade. Além disso, pela comunhão no corpo e no sangue de seu Filho ressuscitado, ele nos faz participar de sua vida divina, de sua vida eterna.

A eucaristia é considerada como "sacrifício de ação de graças". De um lado, é uma oferenda a Deus: ao apresentar-lhe o pão e o vinho, tornados corpo e sangue de Jesus, é seu Filho que lhe oferecemos. Seu Filho que ele nos deu e que nos reconcilia consigo. De outro lado, nossa oferenda é uma graça que Deus nos faz. Com efeito, aquilo que apresentamos vem dele, de sua bondade. Renunciamos a lhe oferecer outra coisa que viria de nós e não seria um dom do seu amor. "Em tua mão está o poder de engrandecer e fortificar todas as coisas. E agora, Deus nosso, nós te agradecemos, e louvamos o teu nome glorioso" (1Cr 29,12-13).

Viver na graça

A eucaristia é uma "ação de graças" em seus dois sentidos complementares. Ação de dizer obrigado, de exprimir nosso reconhecimento, de render graças, como acabamos de expor. Mas também ação de perdoar aqueles que nos cercam: de fazer-lhes dom de nossa pessoa, de nossos bens, de nosso tempo, de viver a benevolência e o perdão em relação a eles. Esse é o sentido das orações de súplica, na oração eucarística. Após fazer memória de Jesus, a Igreja pede ao Pai que comunique o Espírito Santo àqueles que vão comungar seu corpo e seu sangue para que sejam fiéis à graça que recebem. Que eles dêem gratuitamente e sem conta, pois tudo receberam gratuitamente, que perdoem generosamente como o Pai os perdoa sem limite. Que semeiem a vida e a felicidade, pois Deus lhes deu este dom. Eis o sacrifício que agrada a Deus, o sacrifício de ação de graças.

> Vós nos chamastes, ó Pai do céu, para que nesta mesa recebamos o Corpo de Jesus, na alegria do Espírito Santo. Assim alimentados, queremos agradar-vos sempre mais (Oração eucarística para missa com crianças III).

Uma presença real

Uma expressão utilizada com freqüência para falar da eucaristia e que deu lugar a diversas polêmicas. No Ocidente, há alguns séculos, chegou-se à conclusão de que uma presença simbólica não é real. Real, pensava-se, era apenas o material, o palpável, o que é passível de explicação pela razão e pela ciência, que se outorgavam o direito exclusivo de acesso à realidade de tudo. Diante dessa concepção a própria reflexão teológica sobre os sacramentos por vezes foi reducionista. Ela supervalorizou um realismo material e racional para explicar a mudança do pão e do vinho em corpo e sangue de Cristo, ou a maneira como Cristo está presente no pão e no vinho. Por outro lado, ela pareceu desacreditar uma abordagem mais simbólica, relativa a essa mudança e a essa presença. No entanto, talvez seja possível atualmente reconciliar real e simbólico. Para isso, é preciso redefinir o que entendemos por "simbólico" e por "real", como fazemos nesta obra. O essencial de nossa humanidade é simbólico, pois ela é constituída de comunicação, de aliança e de relação, de comunhão, de vínculo social e espiritual. O que não anula a consistência material, física, corporal das realidades do mundo; ao contrário, lhes dá um outro relevo, uma outra seriedade. Pode-se, portanto, considerar que o mais real do humano é forçosamente simbólico. O papa Paulo VI, retomando o n.7 da Constituição do Vaticano II sobre a liturgia, assim se exprimiu a respeito dessa questão:

> Para fazer compreender mais profundamente aos fiéis o misté-rio eucarístico, exporemos ainda as principais maneiras em que o Se-nhor está presente nas celebrações litúrgicas de sua Igreja. Ele está sempre presente na *assembléia* de seus fiéis reunidos em seu nome. Está igualmente *por sua Palavra*, pois é ele quem fala quando lemos as Santas Escrituras na Igreja. Quanto ao sacrifício eucarístico, ele aí se encontra *na pessoa do ministro,* pois quem o oferece pelo ministério dos sacerdotes é o mesmo que então se ofereceu na cruz, mas está espe-cialmente presente sob as espécies eucarísticas (*o pão e o vinho*). Essa presença de Cristo sob as espécies é chamada real, não a título exclu-sivo, como se as outras presenças não o fossem, mas por excelência.[14]

Retomaremos e desenvolveremos essa apresentação, por mais tradicional que seja. Ela é uma maneira simbólica de abordar o mistério da presença de Cristo na eucaristia, não minimizando seu aspecto realista, mas tornando-o mais rico e mais aberto. Essa apre-sentação se funda sobre as experiências que todos temos da presen-ça uns dos outros. Uma presença que assume modos diferenciados e complementares.

Uma convivência e não uma justaposição de pessoas. Duas mil pes-soas numa rua: elas estão materialmente presentes, mas o que têm em comum? Nada além do perambular. Mas elas também podem se manifestar... por uma causa, carregando bandeirolas, gritando *slogans.* Vinte pessoas reunidas para um aniversário em família, dois esposos que se reencontram: sua presença recíproca é uma presença de co-munhão. O que constitui o realismo de uma presença não é apenas sua materialidade, mas o caráter de vínculo daqueles que se reúnem.

Quanto mais se fala, mais a presença se torna real. É o intercâm-bio de palavras e a história comum que reatam aqueles que se en-

---

[14] PAULO VI, *Eucharisticum mysterium,* 25 de maio de 1967.

contram. Que há de real na presença muda de pessoas que jamais se falaram, que já não se falam, que nada têm a contar uma à outra, nada a pedir uma à outra?

O que se faz junto, o que se vive, o que se come e se bebe, o que se festeja cria e mantém uma presença que é comunhão. É a presença mais forte, aquela que cria uma ação simbólica comum, aquela que configura uma pertença comum, aquela que estabelece um vínculo, entre os envolvidos, tornando-os membros de um mesmo corpo.

O representante do ausente torna-o presente. Há diversas maneiras de representar um ausente. Como este não pode comparecer, alguém fala por ele, lê sua mensagem, dá notícias suas. Esse indivíduo também pode representar o grupo por haver sido designado ou eleito para tanto e por presidi-lo. No caso dos sacramentos, ele representa um outro, o fundador, ausente mas real e sacramentalmente presente, porque vivo, ressuscitado. No capítulo 4, voltaremos a falar sobre esse aspecto.

Esses quatro modos de presença não se excluem na eucaristia. Ao contrário, formam um todo, e não se pode falar de um deles sem levar em conta sua articulação com os outros. Mais uma vez estamos em plena ação simbólica: elementos diversos, quando reunidos fazem aparecer o mistério da Aliança e da Presença e nos permitem conhecê-lo...

Atualização de um evento passado e memória do futuro

"Façam isso em memória de mim" — eis o que pedia Jesus durante a Ceia, no momento de ser entregue, acrescentando: "Todas as vezes que vocês comem deste pão e bebem deste cálice, estão anunciando a morte do Senhor, até que ele venha" (1Cor 11,23-26).

A vida é uma passagem permanente. O instante presente é o dos eventos que sobrevêm, previstos ou imprevistos, esperados ou inesperados. Entretanto, o presente, nós o vivemos como um "intermédio", entre o que já chegou no passado, o que acaba de ocorrer e o que ainda não ocorreu, o que prevemos, o que esperamos. É a partir de lembranças que nossa memória acumula que podemos dar sentido ao presente que acontece e incluí-lo em nossa história. O amnésico não compreende o que lhe ocorre e não pode encarar o futuro. Quem não tem passado também não tem futuro. A eucaristia se compreende como uma "anamnese" (uma antiamnésia, um "não se esquecer"), um "fazer memória" cuja simbólica é original.

Fazer memória, talvez, deva ser compreendido como a evocação de um evento passado, de um ser desaparecido. O evento ocorrido é comemorado, o passado é lembrado, lamentado, embelezado, ou, pelo contrário, detestado, exagerando-se sua duração. Fazer memória, para os judeus e para os cristãos, não é compreendido dessa maneira. No primeiro caso, são os homens que evocam seu passado. No segundo, são os crentes que fazem memória das ações pelas quais Deus estabeleceu aliança com eles, libertou-os, salvou-os, prometeu-lhes felicidade e fidelidade. Entretanto, os humanos são seres de passagem como a erva do campo, que: "de manhã germina e brota, de tarde a cortam, e ela seca... Como suspiro nossos anos se acabaram" — enquanto Deus é "desde sempre e para sempre... Mil anos são aos teus olhos como o dia de ontem, que passou, uma vigília dentro da noite" (Sl 89). Quando fazemos memória de sua aliança, esta é sempre oferecida por ele no presente. Quando fazemos memória de sua salvação, esta atua sempre no presente de nossa história. Salvação já dada, vivida no presente, e ainda por vir. Fazemos memória de sua promessa, memória do futuro que ele nos abre. Desse modo, a concepção bíblica do tempo se enraíza em Deus. Ela se deixa ver na permanência de sua criação. Ele a criou no início, porém a cria ainda no presente, e a criará amanhã. Ele criou os primeiros seres vivos, criou o primeiro ser humano, mas as gerações humanas que se sucedem estão de algum modo presentes umas nas outras, espiritualmente solidárias na história. A obra de salvação que ele realizou em Abraão, e depois em seu povo Israel, atualiza-se em cada descendente de Abraão, em cada filho de Israel. De geração em geração, cada um deve reconhecer-se como se ele mesmo tivesse saído do Egito. Não foram apenas os pais que Deus libertou, mas todas as gerações com eles. Portanto, cada um pode dizer que, em Adão, é pecador, em Abraão é crente, em Israel saiu do Egito e voltou do exílio, que em Jesus, pelo batismo em seu nome, morreu pelo pecado e ressuscitou, tendo sido convidado a sentar-se à mesa do Reino que vem.

> O instante é um "presente" de Deus, exprime a "presença" permanente e ativa de Deus, que se torna presente a seu povo... A eternidade não é, portanto, uma duração intemporal indefinida; o eterno não se situa "após" o tempo, está "dentro", conferindo-lhe sua verdadeira dimensão, que é a presença de Deus ao futuro... Repetimos a cada manhã que o sol se levanta, quando é nossa terra que se torna presente toda manhã ao sol, centro de seu sistema de existência. Desse modo transcorrerá o ato cultual da Igreja. De hoje em diante, Cristo é o centro do "sistema" cristão, é aquele do qual todos dependem e de quem todos recebem a vida. Pensa-se espontaneamente que cada celebração representa o ato de Jesus vivendo e morrendo por todos os homens, mas sabemos bem que só o inverso é verdadeiro. Cada vez eu me torno presente ao sacrifício de Jesus, que, embora constitua um ato pontual e único do passado, tem uma dimensão supratemporal e me permite tornar-me presente a ele através da espessura deste tempo que, para mim, transcorre incessante e inexoravelmente.[15]

O termo que exprime essa visão das coisas é "memorial". Ele designa algo bem diferente de uma lembrança piedosa. A obra de Deus é atualizada quando a Igreja faz memória da Páscoa de Jesus e, sobretudo, quando invoca a ação do Espírito Santo (epiclese). É por seu poder que nos tornamos presentes ao evento da salvação, que representa a morte e a ressurreição de Jesus, e não por nossos méritos ou nossas ações, ou pelo poder sagrado do padre.

> Santificai pelo Espírito Santo as oferendas que vos apresentamos para serem consagradas, a fim de que se tornem o corpo e o sangue de Jesus Cristo, vosso Filho e Senhor nosso, que nos mandou celebrar este mistério...
>
> Que, alimentando-nos com o corpo e o sangue do vosso Filho, sejamos repletos do Espírito Santo e nos tornemos em Cristo um só corpo e um só espírito (Oração eucarística III).

---

[15] LÉON-DUFOUR, Xavier: revista *Études*, 1981.

Símbolos e ritos

A assembléia

Abordamos o símbolo primordial que constitui a assembléia cristã no contexto da eucaristia. Poderíamos tê-lo abordado já por ocasião do batismo e da confirmação, pois a assembléia está na base de todo sacramento e orienta seu sentido. A palavra "assembléia" é sinônimo de "igreja". Traduz o termo grego *ekklèsia*: assembléia política do povo, e a palavra hebraica *qâhâl*: reunião (litúrgica) de Israel.

Na vida cotidiana

Duas maneiras de se reunir: pertença e referência

O homem é um ser social, faz a experiência de diversas maneiras de viver com os outros. Desde seu nascimento, pertence a uma família, restrita ou ampliada, uma aldeia ou uma cidade, uma etnia, uma nação. Tem uma identidade, uma língua e um local de origem. Tornar-se-á uma pessoa no seio de redes de comunicação e de relações preexistentes ao que é, sem ter escolhido. Todavia, ele não está forçosamente encerrado nessa lógica. Ao longo de sua vida, pode escolher associar-se livremente a outras pessoas no contexto de um grupo eletivo com fins comunitários, por afinidade ou por interesse. Essa escolha é determinada pelo gosto comum por uma arte, pelo lazer, por uma tarefa, sendo matizada pela busca de pessoas do mesmo nível social ou cultural... Neste caso, pode-se falar mais de referência do que de pertença. Quando as pessoas se reúnem num restaurante ou num salão de festa, num estádio, numa rua, diante de um monumento, sua reunião se reveste de uma dimensão simbólica: o visível manifesta algo de invisível. Essas pessoas podem estar ligadas por uma pertença comum, numa seção eleitoral, por exemplo, em um dia de eleições. Em outras circunstâncias, elas têm em comum um objetivo, um desejo específico.

Na Bíblia

No Primeiro Testamento, Deus revela seu projeto de constituir e reunir um povo santo que lhe pertença, com o qual selará uma aliança. Um povo, com uma organização, um direito que o próprio Deus revelará a Moisés. Ele não se baseia na livre escolha de seus membros, mas na resposta positiva à convocação de Deus. Um povo que tem a vocação para a santidade, para a imitação de Deus, ou seja, para o exercício da liberdade, da justiça, da fraternidade, da bondade e do perdão. Um povo que pertence a Deus, mas não o possui e sobre o qual não tem exclusividade. É sua parte pessoal entre os povos, mas toda a terra pertence a Deus.

> Portanto, se me obedecerem e observarem a minha aliança, vocês serão minha propriedade especial entre todos os povos, porque a terra toda pertence a mim. Vocês serão para mim um reino de sacerdotes e uma nação santa (Ex 19,5-6).

No Segundo Testamento, essa perspectiva reside mais na vinda de Cristo, que, reconhecido pelos discípulos como o Messias de Deus, opera sua consumação no mistério da Igreja, constituída e reunida por Cristo em meio a todas as nações. O Vaticano II revalorizou a dimensão trinitária da Igreja, especialmente mediante três imagens fortes da Escritura.

A Igreja povo de Deus: "... povo adquirido por Deus, para proclamar as obras maravilhosas daquele que chamou vocês das trevas para a sua luz maravilhosa" (1Pd, 2,9-10). Uma imagem em continuidade com o Primeiro Testamento. Rica de tudo o que ele já revela do projeto de Deus, mas aberta desta vez a todos os povos, sem discriminar nenhum e sem se identificar com nenhuma nação específica. Um povo com vocação espiritual e profética, reunindo pessoas de todas as raças e nações, servidor da paz e da fraternidade em toda parte e encarregado de anunciar a Boa Nova de Cristo.

A Igreja corpo de Cristo: a Igreja é o símbolo de Cristo. "A Igreja é em Cristo como que o sacramento ou o sinal e instrumento da união com Deus e da unidade de todo o gênero humano" (LG n. 1). São Paulo desenvolveu muitas vezes essa imagem do corpo para exprimir o elo vital entre Cristo e a Igreja. "Como Cristo amou a Igreja e se entregou por ela" (Ef 5,25-33). Pelo batismo nós nos tornamos membros do corpo eclesial de Cristo e quando nos alimentamos com seu corpo e bebemos o cálice de seu sangue, somos incorporados a ele. Desse modo, a Igreja não sustenta sua existência por si só, mas pelo Senhor crucificado e ressuscitado, do sangue e da água que escorrem de seu lado traspassado. Nela se realiza a união íntima com Deus, a comunhão fraternal entre seus filhos, e a reconciliação oferecida a toda a humanidade.

> Quereis compreender o que é o corpo de Cristo? Escutai o apóstolo dizer aos fiéis: "Vós sois o corpo de Cristo e séus membros" (1Cor 12,27). Se sois portanto o corpo de Cristo e seus membros, é vosso próprio símbolo que repousa sobre a mesa do Senhor, é vosso próprio símbolo que recebeis. Àquilo que vós sois respondeis: "Amém", e essa resposta marca vossa adesão. Tu ouves: "O corpo de Cristo" e respondes: "Amém". Sê um membro do corpo de Cristo, a fim de que teu "amém" seja verdadeiro.[16]

A Igreja templo do Espírito Santo: "Vocês não sabem que são templo de Deus e que o Espírito de Deus habita em vocês?" (1Cor 3,16). Em Jesus, Deus fez da humanidade sua morada. O corpo humano de Cristo tornou-se o lugar de sua glória. É antes de tudo no meio dos homens que ele habita, e não nas casas construídas por suas mãos (cf. At 17,24). Eles são as pedras vivas de sua casa habitada pelo Espírito (cf. 1Pd 2,5). Essa casa de Deus é, portanto, casa aberta ao sopro do Espírito Santo que preenche o universo. Casa onde cada um tem a vocação de edificar não muros de separação, mas caminhos de paz, de liberdade.

Na liturgia e na oração

A assembléia eucarística, lugar da presença do ressuscitado...

> Ele, para cumprir a vossa vontade e conquistar um povo santo para o vosso louvor, estendeu os braços na hora da sua paixão, a fim de vencer a morte e manifestar a ressurreição (Prefácio da Oração eucarística II).

---

[16] Santo Agostinho, sermão 272, em: *La messe* (Grasset, 1964).

Toda assembléia eucarística é "reunião local da santa Igreja que realiza a promessa de Cristo: "Pois onde dois ou três estiverem reunidos em meu nome, eu estou aí no meio deles" (Mt 18,20) (IGMR n. 7). Toda assembléia litúrgica de cristãos é o símbolo visível dessa realidade presente no mundo e na história: as forças da morte são subjugadas, a ressurreição está em ação. Tais são as origens da Igreja. Os discípulos, dispersos após a morte de Jesus, proclamam que essa morte é uma vitória e que ele ressuscitou (poder-se-ia dizer "re-despertou", ergueu-se, foi exaltado por Deus); o sinal visível dessa ressurreição, sua manifestação é o fato de seus discípulos estarem novamente reunidos, reaglutinados por ele, animados por seu Espírito para realizar os mesmos sinais que ele: ensinar, curar, perdoar... Tais são as razões de ser de toda assembléia eucarística.

A originalidade da assembléia litúrgica

Com o nascimento e o desenvolvimento da Igreja apareceu um modo original de presença no mundo. A Igreja não faz distinção de nações e não pretende englobar todas elas. Em compensação, considera que os habitantes de todas as nações que se encontram sob o céu devem conhecer a salvação trazida por Jesus e mudar de vida para viver à sua maneira. Eis o que diz um autor desconhecido ao escrever uma carta a Diogneto, um não-cristão, por volta de 190-200.

> Os cristãos, de fato, não se distinguem dos outros homens, nem por sua terra, nem por língua ou costumes. Com efeito, não moram em cidades próprias, nem falam língua estranha, nem têm algum modo especial de viver. Sua doutrina não foi inventada por eles, graças ao talento e especulação de homens curiosos, nem professam, como outros, algum ensinamento humano. Pelo contrário, vivendo em cidades gregas e bárbaras, conforme a sorte de cada um, e adaptando-se aos costumes do lugar quanto à roupa, ao alimento e ao resto, testemunham um modo de vida social admirável e, sem dúvida, paradoxal. Vivem na sua pátria, mas como forasteiros; participam de tudo como cristãos e suportam tudo como estrangeiros. Toda pátria estrangeira é deles, e cada pátria é estrangeira. Casam-se como todos e geram filhos, mas não abandonam os recém-nascidos. Põem a mesa em co-

mum, mas não o leito; estão na carne, mas não vivem segundo a carne; moram na terra, mas têm sua cidadania no céu; obedecem às leis estabelecidas, mas com sua vida ultrapassam as leis.[17]

A fé em Jesus Cristo não saberia se impor. É objeto de uma escolha pessoal, e é livremente que se adere a ele. Entretanto, crer em Jesus é aceitar unir-se a outros, pertencer à comunidade que testemunha e vive dele. Uma pertença original, pois sua comunidade é espiritual, e não familiar, étnica, racial ou nacional. Há no seio da Igreja uma afinidade entre aqueles que crêem, mas também existem diferenças, e até divergências de gostos e de perspectivas sobre diversas maneiras de ver as coisas da vida. Em virtude desse fato, a Igreja não é um bloco uniforme e invariável, mas uma harmonia entre diferenças e até entre contrários. Pode-se pertencer à única Igreja e, ao mesmo tempo, associar-se a outros membros, com base em afinidades e referências particulares. Além disso, a assembléia é sempre local e simultaneamente universal. Sempre assume um aspecto concreto e particular. Pessoas concretas respondem a uma convocação, são reunidas por Cristo, unidas sobretudo por sua fé comum nele.

Reunir-se em nome de Cristo, um ato profético

Nas origens da Igreja, falava-se mais de assembléia do que de liturgia ou de culto. Reunir-se no dia do Senhor para a ceia do Senhor era vital para os batizados. Progressivamente, com a onipresença da Igreja, as assembléias perderam de vista a vocação de "proclamar a morte do Senhor, de celebrar a ressurreição à espera de sua volta". Os sacramentos foram considerados sobretudo como um culto celebrado quase exclusivamente pelos clérigos, e privilegiou-se a obrigação individual do fiel de assistir à missa em detrimento da necessidade vital de reunir-se em nome do Senhor. Desde o Concílio Vaticano II, e de bem antes, redescobriu-se a centralidade da assembléia litúrgica como símbolo da Igreja. Resta continuar a

---

[17]"Carta a Diogneto" em *Padres Apologistas*. São Paulo, Paulus, 1995, pp. 22-23 (Coleção Patrística v. 2).

renovação das assembléias cristãs, para que se redescubram seu sentido e sua vocação profética. Essa vocação não se realiza por meio de um culto formal, mas de uma convivialidade e de uma partilha fraterna, uma participação plena e ativa, e de uma abertura para a vida do mundo. Uma resistência, assim, contra tudo o que oprime o homem e destrói sua dignidade de filho de Deus.

Os gestos simbólicos

Na missa, o primeiro momento, o da abertura e da reunião, merece a maior atenção. Nele a assembléia se constrói e toma consciência de sua significação. A liturgia eucarística, além da preparação cuidadosa de lugares, propõe algumas ações (nas quais se pode inspirar para outros tempos de reunião e de oração):

- *Cantar juntos*

- *Cumprimentar-se*

Inicialmente entre pessoas presentes. Uma maneira de acolher-se mutuamente em nome de Cristo. Depois a saudação do presidente da assembléia: "O Sacerdote, pela saudação, expressa à comunidade reunida a presença do Senhor. Esta saudação e a resposta do povo exprimem o mistério da Igreja reunida" (IGMR n. 28).

- *O sinal-da-cruz*

O fato de todos fazerem sobre si esse sinal batismal e as palavras ditas exprimirem que não estão reunidos em seu próprio nome, mas em nome do Deus Trindade: é ele que os convoca.

- *Voltar-se para Cristo*

É ele, o crucificado ressuscitado que dá acesso à reconciliação com Deus, que permite a todos manterem-se diante dele.

- *Orar ao Pai*

Lembrá-lo de suas maravilhas, dizer-lhe aquilo que se espera ainda de sua bondade, por Cristo e no Espírito.

A Palavra de Deus

Na vida cotidiana

A palavra, uma experiência simbólica fundadora

É pelo acesso à linguagem que nos tornamos humanos. Aprendemos a associar uma palavra, um desenho, um gesto a uma realidade concreta, e a utilizá-los depois mesmo em sua ausência. Cada um recebe um nome, aprende a nomear outras pessoas. Aprende a conjugar os verbos, distinguindo os sujeitos (eu, tu, ele/ela, nós, vós, eles/elas), os tempos e os modos. O bebê não diz logo: "Eu...", e sim: "Pedro, ele...", como ouve ser chamado. Ele se torna apto a simbolizar à medida que se reconhece distinto, separado de sua mãe, à medida que se torna capaz de relacionar-se com ela, fora da fusão do ventre materno. À medida que se torna apto a se comunicar com as pessoas à sua volta, sem se confundir com elas.

Essa aptidão para a função simbólica é adquirida graças aos outros. É porque seus pais lhe dão um nome, chamam-na por seu nome, dizem-lhe "você", que a criança se reconhece como uma pessoa única e pode dizer "eu". Eles lhe deram a vida em seu nascimento. Pela palavra, em seguida, fazem uma obra de criação: entregam-na a si mesma, operando a separação e a distinção do filho em relação a eles. Daí por diante, a criança estará apta a estabecer um novo relacionamento com os pais, um relacionamento de aliança.

Tornar-se um ser humano é tornar-se um ser de palavra, entrar nas frases, receber um lugar nas narrativas. É poder representar as pessoas, o mundo, as coisas, os acontecimentos, colocá-los à distância, estabelecer relações entre si e dar-lhes sentido.

Na Bíblia

A palavra, uma maneira de ser de Deus

A Bíblia começa por uma Palavra de Deus: "Deus diz..." João escreve no início de seu Evangelho: "No começo a Palavra já existia: a Palavra estava voltada para Deus, e a Palavra era Deus" (Jo 1,1). O Deus da Bíblia é um Deus que fala e, desse modo, se diferencia dos outros deuses, geralmente mudos, que se conduzem de maneira arbitrária, que escondem seus pensamentos dos seres humanos. Diferencia-se também do homem e, pelo fato de falar, proclama sua diferença, ao mesmo tempo que se apresenta como próximo dele, entrando em conversação com ele.

A Palavra de Deus é palavra criadora. "Deus disse e assim se fez..." (Gn 1). Palavra criadora naquilo que separa, que estabelece de diferença entre a luz e as trevas, entre a terra e o mar, entre os pássaros e os peixes, entre os seis primeiros dias e o sétimo. Palavra criadora no momento em que cria o ser humano, como ser diferenciado, "E Deus criou o homem à sua imagem..., e os criou homem e mulher" (Gn 1,27). Criado à sua imagem, pois é um ser vivo que fala como ele. Todavia, separação e diferença não são fins em si mesmas, e sim a condição de uma comunicação e de uma comunhão felizes. Uma comunicação e uma comunhão que não se esvaem nas confusões do imaginário, mas se situam no registro simbólico.

Deus fala ao homem para entrar em aliança com ele

Com a história de Abraão, inicia-se uma nova etapa na Bíblia. Deus dialoga com os seres humanos. Prossegue desse modo sua obra criadora. O que Deus propõe a Abraão e à sua descendência e, por meio dele, a toda a humanidade é a criação de uma nova Aliança, de um vínculo indefectível, em que se empenha a abençoar, bendizer, cumular de benefícios e manter até a consumação da história. Com a vinda de Cristo, essa Aliança se realiza: "E a Palavra se fez homem" (Jo 1,14). Para falar ainda melhor com os homens, Deus se faz homem, vem comungar da condição deles e vem revelar que lhes oferece a oportunidade de comungarem da sua divindade.

Na liturgia e na oração

Nos tempos antigos, muitas vezes e de muitos modos Deus falou aos antepassados por meio dos profetas. No período final em que estamos, falou a nós por meio do Filho. Deus o constituiu herdeiro de todas as coisas e, por meio dele, também criou os mundos (Hb 1,1-2).

Um livro para proclamar e acolher a Palavra de Deus

O livro da Palavra de Deus é um objeto importante para os cristãos. Ele contém textos que fazem a ligação entre os fiéis e todas as testemunhas com que Deus falou, que conheceram Jesus, viveram com ele, acolheram sua palavra, narraram e escreveram aquilo que ele fez em testemunho de si. Esse livro é como um testamento recebido de nossos pais na fé, um testamento que nos constitui como irmãos e irmãs, herdeiros de uma tradição, povo da aliança. E não há aliança sem troca de palavra. É nosso livro de família. É um grande e belo livro, como aqueles com que se presenteia. É ornado e decorado. Na Igreja, lugar em que se celebra, o livro é colocado sobre uma bela estante sempre decorada. Chama-se ambão, sendo bem visível, pois é de lá que o leitor lê e proclama a Palavra para todos.

Um livro reunido que reúne

Os símbolos adquirem sentido no âmago de uma ação ritual que os inscreve em nossa memória. Numa bliblioteca, os livros estão congelados, ordenados. Quando pegamos um para ler ou consultar, os gestos que fazemos são utilitários. Talvez gostemos de tocá-lo, de abri-lo, mas estamos em um contexto cotidiano, o dos gestos banais, e não de um rito. Numa celebração, o livro da Palavra de Deus é um símbolo. É levado em procissão, o leitor o abre, mostrando-o para que o aclamem, o beijem, o fechem novamente e o deponham com respeito. O livro dos evangelhos também pode ser entregue simbolicamente a um catecúmeno ou a uma criança no decorrer de uma celebração. Ele não recebe apenas um objeto-presente. Recebe a palavra viva daquele a quem está unido na fé, daquele que lhe falará toda vez que abrir o livro para lê-lo, daquele que vem, por assim dizer, nele habitar. Esse livro religa-o também a todos aqueles que o receberam antes dele, que o receberam com ele e a todos aqueles a quem ele alcançou. Jogando com as palavras, pode-se dizer que esse livro *reunido* junta as páginas de uma longa história e *reúne* seus ouvintes a seus autores... "Cristo está presente por sua palavra, pois é ele quem fala quando se lê a Escritura na Igreja" (Conc. Vaticano II. Const. Sobre a Sagrada Liturgia, *Sancrosanctum concilium* n. 7).

Palavras que desvelam um sentido

A proclamação do Evangelho na liturgia situa-se em dois níveis. Em primeiro lugar, o do texto que é lido e ouvido por todos. Em seguida, o da maneira com que se faz a proclamação: a procissão do livro, se houver, a admoestação e a aclamação que se seguem à leitura enquanto se mostra o livro: "Aclamemos a Palavra de Deus... Louvado sejais vós, Senhor Jesus!" Louvor e aclamação não se dirigem ao livro como tal, mas ao Senhor Jesus, palavra viva de Deus que todos vão escutar ou acabaram de ouvir. Jesus está vivo, ressuscitado, e, portanto, é ele que se dirige aos fiéis de hoje. Por suas palavras, exprime seu vínculo de amor com aqueles que o ouvem. Numa celebração litúrgica, com efeito, o livro é lido no contexto do memorial e da Aliança. A assembléia escuta ativamente, sentada ou em pé, seguindo os livros dos quais são lidas as passagens por atores diversos (leitores, salmistas, padre, diácono...). Após ter ouvido e compreendido, a assembléia responde e renova seu sim à Aliança com Deus, que se compromete em sua palavra (cf. Ne 8).

Os gestos essenciais dos sacramentos — do batismo e da eucaristia, por exemplo — são acompanhados de palavras extraídas do livro. Essas palavras, associadas ao gesto ritual, criam um vínculo entre Deus e aqueles que celebram, que são batizados, que escutam. São palavras eficazes, palavras criadoras como as de Deus no início do mundo. Fazem existir aquilo que exprimem: por meio delas, o próprio Deus cria e se empenha.

Uma palavra que envolve aqueles que a escutam

A liturgia da palavra comporta um duplo movimento. Antes de mais nada, uma escuta que lembra e atualiza o compromisso de Deus. Ele deu sua Palavra e não a retoma, pois é fiel. Hoje em dia, ela ainda se cumpre. Depois, a resposta dos que a escutaram. Isso supõe que haja de sua parte compreensão e atualização da palavra ouvida: como essa palavra se refere à história presente, da humanidade e de cada indivíduo? Isso também exige que os ouvintes se empenhem em não trair a Aliança, mantendo-se fiéis. Será que a ouvirão e a colocarão em prática?

O cristianismo não é uma "religião do livro". Para os cristãos, Deus não escreveu nem ditou diretamente os textos da Bíblia. Ele os inspirou a testemunhas diversas que o reconheceram, o encontraram, viram-no agir em suas histórias e na do povo da Aliança. Essas testemunhas falaram dele e foram como que palavras vivas à imagem de Cristo, o Evangelho de Deus, tanto pelo que fizeram como pelo que disseram. Após a leitura, é preciso fechar o livro. Cabe, então, aos leitores, aos ouvintes, tomarem a palavra e testemunharem o que o Espírito os fez viver em suas próprias histórias. "Vocês são uma carta de Cristo... escrita não com tinta, mas nas tábuas de carne do coração de vocês" (2Cor 3,3).

OS LIVROS LITÚRGICOS

Habitualmente, fala-se de livros litúrgicos no plural. Eles são diferentes da Bíblia. Esta é como a biblioteca do povo de Deus, composta de diversos livros do Antigo e do Novo Testamento. A leitura litúrgica da Bíblia não é uma leitura contínua, mas uma leitura organizada de passagens (extratos de livros diferentes) vinculadas com o calendário litúrgico.

São utilizados:

Os rituais (por exemplo, o Missal).

São os livros que apresentam a maneira de celebrar os diversos sacramentos, que propõem, ao mesmo tempo, fórmulas de oração, admoestações, assim como conselhos para implementar cada momento das celebrações.

Os lecionários.

Sua tradição é muito antiga. São os livros litúrgicos da Palavra de Deus, os quais propõem passagens de diferentes livros da Bíblia. Os textos bíblicos do lecionário são cuidadosamente selecionados e relacionados uns com os outros para as celebrações do domingo ou dos diversos sacramentos. A Igreja, como boa pedagoga, indica, pela escolha e montagem do lecionário (Antigo Testamento, Salmo, Leitura do apóstolo, passagem do Evangelho), com que espírito é preciso escutar e interpretar os textos da Bíblia. São bem compreendidos apenas quando relacionados uns com os outros. O Evangelho — a pessoa de Cristo — é a chave principal de sua compreensão. Compreender-se-á que, via de regra, é preferível não se contentar com um único texto para a celebração da Palavra de Deus, posto que Deus falou e fala de maneira plural.

O Evangeliário.

Nem todas as paróquias dispõem de tal livro. Freqüentemente, é no Lecionário, que contém todas as leituras, que é proclamado o Evangelho. O Evangeliário (que contém somente os evangelhos) realça a importância do Evangelho na celebração cristã. Sua encadernação e sua decoração são objeto de um cuidado particular. Sua capa traz quase sempre um ícone de Cristo. Levado em procissão pelo diácono no início da celebração, é colocado sobre o altar. É levado de novo para a proclamação do Evangelho no ambão, beijado pelo diácono ou padre e depois aclamado pela assembléia.

O pão e o vinho para a ceia de comunhão

Na vida cotidiana

Alimentar-se, uma experiência simbólica

O homem prepara seu alimento. Para o homem, diferentemente do animal, alimentar-se não é apenas um ato biológico para a subsistência. Ele exprime sua cultura, sua relação com o mundo, com seu grupo social. O ser humano prepara seu alimento, cozinha-o, apresenta-o, tempera-o... Dá-se o mesmo com a fabricação do pão. Os grãos são semeados, colhidos, moídos e transformados em farinha. Esta é amassada, acrescentando-se-lhe água, sal e fermento. Em seguida, vem o cozimento, que conclui o trabalho. O pão é para o homem alimento nobre e sagrado, símbolo de humanização. Ele é associado a outros alimentos e bebidas, no meio de um cardápio. O vinho é o fruto de um trabalho igualmente rico e complexo.

A ceia tomada em comum. O homem toma suas refeições na companhia de outras pessoas, a quem está ligado, e é nesse contexto que o alimento torna-se verdadeiramente simbólico. A refeição compartilhada cria vínculos entre os comensais. Não há refeição sem troca de palavras, sem a partilha do alimento, sem brindes quando se ergue o copo. E o gesto da partilha, a troca de palavras nutrem o coração e o espírito dos convivas, do mesmo modo que o pão, o vinho e os outros pratos nutrem seus corpos. A partilha do pão e do alimento dá lugar a uma experiência de comunhão, de comunidade de destino, de fraternidade. Ela nutre o corpo biológico, mas também dá corpo ao grupo de convivas. O pão, com freqüência, é associado à necessidade e à pena do trabalho, enquanto o vinho, bebida fermentada e alcoolizada, é associado à festa e à alegria do encontro.

Na Bíblia

> A terra se sacia com tua obra fecunda.
> Tu fazes brotar relva para o rebanho,
> e plantas úteis para o homem.
> Dos campos ele tira o pão,
> e o vinho que alegra seu coração;
> o azeite, que dá brilho ao seu rosto,
> o alimento, que lhe dá forças (Sl 103,13-15).

Para os parceiros da Aliança, o alimento é percebido como um dom de Deus. Deus dá a terra, faz chover, faz germinar e amadurecer o trigo. O fiel o reconhece como Criador e fonte de vida e, sobretudo, como um Deus bom, que dá em abundância, que abençoa e cumula de bens. Tudo o que ele diz é "bem-dito", tudo o que ele faz é "bem-feito". Eis por que a primeira atitude do fiel deve ser, por sua vez, glorificar a Deus por sua generosidade sem limites e particularmente pelo dom do alimento, sem o qual o homem não poderia viver.

> Tudo é abençoado, Deus do universo, vós que nos dais este pão,
> fruto da terra e do trabalho dos homens.
> vós que nos dais este vinho,
> fruto da vinha e do trabalho dos homens
> (inspirado numa oração judaica).

Enquanto a água é natural, o pão e o vinho são um alimento humano por excelência, posto que são, ao mesmo tempo, frutos da terra e frutos do trabalho do homem, capaz de transformar, de cozer seu alimento. Quando apresenta a Deus o pão e o vinho, o fiel abençoa aquele que fez germinar a semente e as plantas, aquele que dá a terra e também aquele que faz do homem um ser criador, capaz, por sua vez, de louvor e chamado a dar, partilhar, fazer viver como ele.

Os cristãos retomam por sua conta tudo o que acaba de ser dito. Entretanto, o pão e o vinho assumem para eles uma significação particular, vinculada à pessoa de Cristo, que é proclamado "pão da vida descido do céu" (cf. Jo 6,50). Ele deu sua vida como um "pão partido para um mundo novo", derramou seu sangue para uma "Aliança nova e eterna", a do perdão e da reconciliação. O que ele disse no decorrer de sua última ceia com seus discípulos dá ao pão e ao cálice de vinho uma significação nova: "Eis meu corpo entregue por vós, eis o cálice de meu sangue... derramado por vós". Eles são os símbolos do dom que Jesus fez de sua vida por eles e pela multidão.

Jesus se apresentou como alimento para os homens, como pão e vinho que comunicam àqueles que comem e bebem na fé a própria vida divina dele, pois ele vem de Deus, é dom de Deus oferecido a todos. Do mesmo modo, o homem transforma o trigo em pão, e o pão em espírito, em amor. Assim, pela comunhão com Cristo, pão de Deus, o homem é divinizado, tornado participante da vida do próprio Deus, da vida eterna. É convidado à mesa de Deus, que vem partir o pão com ele. Tornados corpo e sangue de Cristo, o pão e o vinho não dão apenas vida, mas a própria vida de Deus.

Na liturgia e na oração

A simbólica do pão e do vinho na celebração eucarística se desenrola por meio de gestos concretos, das palavras pronunciadas. Não são o pão e o vinho em si mesmos que são símbolos, mas o pão e o vinho trazidos, erguidos, mostrados. O pão e o vinho constituem objetos de bênção, pois são frutos da terra e do trabalho do ser humano. São objetos de ação de graças, pois são associados à palavra de Cristo, partilhados, comidos e bebidos. Tornam-se assim corpo e sangue de Cristo ressuscitado, realmente presente em sua Igreja pelo poder do Espírito. Tornados corpo e sangue de Cristo, eles são apresentados ao Pai como o único sacrifício digno dele. Enfim, o pão é partido, dividido e comido, e o cálice de vinho é oferecido, para que nós, os comungantes, sejamos "reunidos pelo Espírito Santo num só corpo, nos tornemos em Cristo um sacrifício vivo para o louvor da vossa glória" (Oração eucarística IV). Todas essas ações devem ser vividas intensamente, pelo modo de se deslocar, de levar, de tomar e de mostrar, de dar e de receber. O símbolo não é unicamente da ordem das idéias, mas do corpo vivo de cada um, presente a si mesmo, àquilo que o cerca, àquilo que ele diz e àquilo que ele faz.

As duas mesas: a palavra e o pão

> Não só de pão vive o homem, mas de toda palavra que sai da boca de Deus (Mt 4,4).

Na missa, há duas mesas: a da Palavra de Deus e a do pão e do vinho. A Palavra de Deus é apresentada como alimento, iguaria saborosa. Escutando-a, comemos e bebemos a Palavra de Deus. Para a humanidade, a partilha da palavra é tão necessária quanto a partilha do pão. Sem a partilha da palavra, que sentido pode ter a do alimento? A escuta da palavra não é uma "preparação para a missa", como se dizia, mas o primeiro momento de partilha eucarística, como de todo sacramento.

As oferendas e a assembléia

O ritual indica que o sacerdote ou o diácono "recebe as oferendas" (IGMR n. 49) das mãos da assembléia, em vez de tomá-las da mesa. É importante que isso seja visto, que as oferendas sejam levadas pelos membros da assembléia, bem recebidas pelo padre ou diácono, antes de serem associadas à oração de bênção. São os frutos da terra, do trabalho e da festa que o padre, em nome de Cristo, vai tomar nas mãos para render graças e, em seguida, devolver à assembléia em sinal de comunhão.

As oferendas e Cristo

Colocados sobre a mesa/altar, associados à oração de ação de graças (eucarística) pronunciada por aquele que representa Cristo pastor em meio a seus irmãos, o pão e o vinho tornam-se corpo e sangue de Cristo pelo poder do Espírito Santo. Para que esse momento da celebração seja simbólico e vivido como tempo forte, cada gesto deve ser significativo. É importante favorecer a participação da assembléia pelos cânticos, mas também pelos olhares, pelas atitudes, aproximando-se talvez do altar.

A fração do pão e da comunhão

> O cálice da bênção que nós abençoamos, não é comunhão com o sangue de Cristo? O pão que partimos, não é comunhão com o corpo de Cristo? E como há um único pão, nós, embora muitos, somos um só corpo, pois participamos todos desse único pão (1Cor 10,16-17).

O pão eucarístico é um pão partido para ser partilhado e dado. O gesto da fração do pão é um gesto central na Escritura, o gesto ao qual os discípulos são fiéis (cf. At 2,42), o gesto-código do reconhecimento de Cristo ressuscitado (cf. Lc 24,35), do mesmo modo que seu reconhecimento mútuo como membros de seu corpo. Esse gesto corresponde inteiramente ao sentido que damos ao "símbolo". Partir um mesmo pão, receber uma parte e comê-la para tornar-se, assim, unido ao único corpo de Cristo, sua Igreja. Beber do mesmo cálice para comungar sua vida de ressuscitado. Nas origens da Igreja, a fração do pão designava a missa. Como tornar significativo o gesto da fração do pão e da partilha do cálice? Antes de tudo, tanto quanto possível, pegando as grandes hóstias cor de pão, para que cada um receba um fragmento. Depois, valorizando e favorecendo a comunhão com o cálice bebendo dele e mergulhando nele a hóstia (intinção). Na verdade, os dois gestos são complementares.

Aqueles que comungam o corpo e o sangue de Cristo são incorporados nele, transformados em seu corpo eclesial para tornarem-se eles mesmos pão e alimento para seus irmãos, pão partido para um mundo novo, o de Deus. Esse gesto simbólico exige o maior respeito, como recomendava Cirilo de Jerusalém no século V.

> Ao te aproximares [da comunhão], não vás com as palmas das mãos estendidas, nem com os dedos separados; mas faze com a mão esquerda um trono para a direita, como quem deve receber um rei, e, no côncavo da mão espalmada, recebe o corpo de Cristo, dizendo: "Amém"... Depois de teres comungado o corpo de Cristo, aproximate também do cálice de seu sangue. Não estendas as mãos, mas inclinado-te, e, num gesto de adoração e respeito, dize "Amém". Santificate também tomando o sangue de Cristo. E enquanto teus lábios ainda estão úmidos, roça-os de leve com tuas mãos e santifica teus olhos, tua fronte e teus outros sentidos. Depois, ao esperares as orações (finais), rende graças a Deus que te julgou digno de tamanhos mistérios.[18]

A comunhão e a partilha da vida

Recebendo o corpo de Cristo, nós nos empenhamos em "fazer memória dele" por nosso comportamento cotidiano, em imitálo, em ser também pão nutritivo e vinho de festa para os outros, para darmos a nós mesmos de comer (cf. Mc 6,37) e viver a partilha no cotidiano. "Quando nos aproximamos da mesa eucarística, não temos o direito de ser indiferentes para com aqueles a quem falta o pão de cada dia."[19]

> A Igreja não é um museu de ouro e de prata; ela é uma assembléia...

---

[18] Cirilo de Jerusalém em *Sources chrétiennes* 126 (Paris, Le Cerf, 1966).

[19] João Paulo II, *Homilia na Polônia,* 2 de junho de 1997.

Desejais prestar louvor ao corpo do Salvador? Não o menosprezeis quando o virdes coberto de andrajos. Após tê-lo honrado na igreja com vestes de seda, não o deixeis do lado de fora a sofrer frio e privação... Embelezando a casa de Deus, não menosprezeis vosso irmão indigente. Sem dúvida, o templo desse irmão é mais precioso que o de Deus.[20]

---

[20] João Crisóstomo, op. cit.

4

CARISMAS, MINISTÉRIOS E ORDENAÇÕES

Associamos de propósito duas realidades simbólicas da vida na Igreja. A primeira se funda sobre os três sacramentos da iniciação cristã e se refere a todos os fiéis cristãos. A segunda se funda no sacramento da ordem e concerne apenas àqueles que são ordenados ao episcopado, ao presbiterato e ao diaconato.

Experiências simbólicas

Na vida cotidiana

Toda sociedade tem sua maneira de encarar as relações entre seus membros, particularmente em certos domínios:

Os fundamentos de toda sociedade

As sociedades humanas buscam uma vida feliz, fundada sobre valores considerados bons por seus membros. Ideal mais visado do que realizado de maneira perfeita e sem percalços. No entanto, apesar dos reveses, dos infortúnios de todo tipo, esse ideal se obstina e persiste pelas gerações, exprimindo-se por meio de representações e crenças comuns. Conforme o caso, ele se funda numa mitologia que fala das origens tanto da felicidade como da infelicidade, ou em uma tradição oral e/ou escrita que relata o que os ancestrais, os fundadores, os sábios buscaram e viveram. Esse ideal pode ainda perseguir a reprodução, na cidade terrestre, de uma organização celeste perfeita, de uma ordem hierárquica imutável. Nas sociedades democráticas, a situação é outra. Elas colocam seu fundamento, definem seu ideal e estruturam sua organização a partir do próprio povo, com diversas nuanças e variáveis, conforme recusem ou não toda monarquia de tipo dinástico, ou toda transcendência religiosa como elemento de base de suas constituições.

Uma organização de funções e de papéis

Para realizar seu ideal, cada sociedade elabora uma organização e regras simbólicas. Estas regem a vida social e política, os procedimentos de acesso às funções e responsabilidades, de exercício legítimo do poder e de tomada de decisões relativas ao bem comum. Elas regem também a maneira de conceber a relação entre funções e papéis. Na vida política, por exemplo, às funções de presidente da República e de primeiro-ministro são atribuídos diferentes papéis. Na vida familiar, conforme as sociedades, as funções parentais são associadas a papéis particulares: pai, mãe, tios... Na vida cotidiana (vida de trabalho, vida pública...), os papéis do homem e da mulher são diferentes de uma cultura para outra. Em vários países, eles foram profundamente afetados nos últimos cinqüenta anos. Esses são apenas alguns exemplos entre tantos outros.

Na Bíblia

O Antigo Testamento conta o nascimento longo e laborioso do povo de Israel. Uma convicção central: Deus suscita seu povo, sustenta-o, inspira-o, governa-o. E isso pela mediação de chefes, de guias, de profetas que ele escolhe, lhes dá, lhes envia. Após a época dos patriarcas e de suas errâncias, vem o momento decisivo da Páscoa, quando Israel atravessa o mar e se liberta da servidão. Recebe de Deus uma lei e uma terra, e torna-se um povo, sob a direção de juízes (chefes religiosos guias do povo). Passa, em seguida, à égide de reis, desejando assim assemelhar-se a outros povos, apesar das resistências e advertências de Samuel (cf. 1Sm 8), transformando-se em uma nação como as outras. Davi será um rei segundo o coração de Deus, realizando a paz e a justiça para seu povo, apesar de suas próprias fraquezas. Todavia, muitos outros depois dele esquecerão a vocação espiritual de Israel e cairão nas armadilhas da corrupção, do poder e da violência. Os profetas, enviados de Deus, surgirão para lembrar a Aliança e suas exigências, para contestar as escleroses e os desvios, mas não impedirão a provação do exílio. Os sacerdotes serão então os guardiões do Templo e darão ao culto e às tradições uma importância central.

Jesus é filho de Israel, filho de Davi também, e herdeiro dos profetas. Escolheu doze apóstolos para uma nova fundação do povo de Deus. Eles esperarão até o fim que ele restaure a realeza em Israel (cf. At 1,6). Esperarão a "restauração" de um modelo ideal do passado, mas Jesus vai inaugurar do novo. Inaugura, na verdade, a realização da Aliança não apenas com Israel, mas com todos os povos. Ele mesmo é o fundamento de um reino espiritual, que não é uma nação a mais, com território delimitado, uma língua específica. Sua morte e ressurreição e a posterior irrupção do Espírito não restauram mas instauram um povo de Deus sem fronteiras, aquilo que já se anuncia "na Lei de Moisés, nos Profetas e nos Salmos" (Lc 24,44).

A Igreja: uma comunidade de irmãos e de irmãs

O que impressiona nas apresentações da Igreja em seus primórdios, é a dimensão comunitária. Não há nenhuma diferença entre os discípulos, no plano da dignidade, dos direitos e dos deveres. São abolidos os privilégios fundados sobre a religião, sobre o *status* social, sobre o sexo: do judeu sobre o grego, do cidadão sobre o escravo, do homem sobre a mulher. O batismo inaugura a passagem de uma estrutura hierárquica a um regime de igualdade fundamental, a dos filhos de um mesmo Pai.

> De fato, vocês todos são filhos de Deus pela fé em Jesus Cristo, pois todos vocês, que foram batizados em Cristo, se revestiram de Cristo. Não há mais diferença entre judeu e grego, entre escravo e homem livre, entre homem e mulher, pois todos vocês são um só em Jesus Cristo (Gl 3,26-28).

Em face disso, preconiza-se, nas comunidades cristãs, uma igualdade de todos quanto à dimensão *profética*: todos são chamados e competentes no que se refere ao testemunho prestado a Jesus; quanto à dimensão *sacerdotal*: todos são chamados a um culto espiritual: a oferta de si mesmos em sacrifício vivo, santo e agradável a

Deus (cf. Rm 12,1); quanto à dimensão régia: todos são reis e, portanto, servidores uns dos outros, servidores do bem comum, encarregados de edificar a Igreja. Todo homem tem vocação para governar a si mesmo, "para governar o mundo com santidade e justiça, e exercer o julgamento com retidão de alma" (Sb 9,3).

Assim se exprimia são Paulo:

> À Igreja de Deus que está em Corinto. Dirigimo-nos àqueles que foram santificados em Jesus Cristo e chamados a ser santos, juntamente com todos os que invocam em todo lugar o nome de nosso Senhor Jesus Cristo, Senhor deles e nosso (1Cor 1,2).

> Existem dons diferentes, mas o Espírito é o mesmo; diferentes serviços, mas o Senhor é o mesmo; diferentes modos de agir, mas é o mesmo Deus que realiza tudo em todos. Cada um recebe o dom de manifestar o Espírito para a utilidade de todos (1Cor 12,4-7).

O papa Leão Magno declarou no século V:

> Na unidade da fé e do batismo, constituímos uma sociedade sem classes, meus bem-amados, e temos uma mesma dignidade. Vós sois a raça escolhida, o sacerdócio régio, a nação santa, o povo que pertence a Deus.[21]

O Concílio Vaticano II renovou essa concepção de Igreja. Antes de tratar da significação específica do ministério ordenado na Igreja, ele abordou amplamente a vocação e a missão comuns de todos os membros do povo de Deus.

> Os fiéis, por sua vez, em virtude de seu sacerdócio régio, tomam parte na oblação eucarística. Exercem contudo, seu sacerdócio na recepção dos sacramentos, na oração e ação de graças, no testemunho da vida santa, na abnegação e na prática da caridade.[22]

Pode-se dizer que todo batizado, confirmado e que comunga é, portanto, chamado na Igreja a desenvolver e fazer frutificar os dons pessoais ("os carismas") que recebeu, para o serviço ("o ministério") de todos.

---

[21] *Homélie pour l'anniversaire de son ordination.* Patrologie Latine 54, pp. 145-146.

[22] *Lumem gentium* n.10.

A Igreja: uma comunidade apostólica

Paulo compara a Igreja a um corpo de duas maneiras. Na carta aos Coríntios, ele indica que a Igreja é inteiramente corpo de Cristo, e isso como um corpo diferenciado, organizado. Todos os membros têm funções a desempenhar, pois são necessários à vida do corpo, mas não da mesma maneira: há na Igreja carismas e ministérios diferenciados.

> Ora, vocês são o corpo de Cristo e são seus membros, cada um no seu lugar. Aqueles que Deus estabeleceu na Igreja são, em primeiro lugar, apóstolos; em segundo lugar, doutores; em terceiro lugar, mestres... A seguir vêm os dons dos milagres, das curas, da assistência, da direção e o dom de falar em línguas... (1Cor 12,27-28).

Em Efésios, Paulo apresenta Cristo como a cabeça do corpo: é dele que o corpo recebe vida e crescimento para se construir no amor (cf. Ef 4,16). E ele associa a essa função de Cristo-cabeça as funções necessárias à vida e à missão da Igreja:

> Foi ele quem estabeleceu alguns como apóstolos, outros como profetas, outros como evangelistas, e outros como pastores e mestres. Assim, ele preparou os cristãos para o trabalho do ministério que constrói o Corpo de Cristo (Ef 4,11-12).

O autor da carta aos Hebreus (cf. Hb 7-10) esclarece a continuidade e a ruptura entre os dois Testamentos. No primeiro, existiam classes sacerdotais, sacerdotes e sumo sacerdotes (a palavra "sacerdote" traduz aqui o termo grego *hiereus*: pessoa sagrada, colocada à parte para os sacrifícios e o culto). No segundo Testamento, o regime sacerdotal é abolido, pois Cristo é o único sumo sacerdote consagrado por Deus, que ofereceu a si mesmo como sacrifício, constituindo-se, desse modo, a única vítima, o único sacrifício, o único sumo sacerdote instaurador da nova Aliança em seu sangue. Se se emprega o vocabulário sacerdotal na Igreja é, portanto, em uma perspectiva nova e original.

> Cristo suprime o primeiro culto para estabelecer o segundo... Cada sumo sacerdote se apresenta diariamente para celebrar o culto e oferecer muitas vezes os mesmos sacrifícios, que são incapazes de eliminar os pecados. Jesus, porém, ofereceu um só sacrifício pelos pecados e se assentou à direita de Deus... De fato, com uma só oferta ele tornou perfeitos para sempre os que ele santifica (Hb 10,9-14).

Perfilam-se, assim, as principais características do ministério ordenado na Igreja. Sua missão é simbolizar a fidelidade aos apóstolos que viveram com Cristo, que o reencontraram após sua ressurreição, e garantir a continuidade com eles, e seu testemunho. É também anunciar o Evangelho, servir a Palavra de Deus e ensinar como Jesus. Os cristãos ordenados representam Cristo pastor, servidor e sumo sacerdote em meio a seus irmãos e irmãs, orientando-os, velando por eles, nutrindo-os da Palavra e dos sacramentos. E isso para que todos os santos (os batizados) possam realizar o ministério de toda a Igreja. O ministério ordenado na Igreja vai se organizar, a partir do fim do primeiro século, ao redor de três funções: o bispo (do grego *épiscopos*: que vela por), seu colégio de padres (do grego *presbyteros*: anciãos), seus diáconos (do grego *diaconos*: servidor). A liturgia das ordenações nos revela o essencial de sua significação.

Símbolos e ritos

Na liturgia das ordenações[23]

A abertura da celebração

Apresentação do Bispo	Apresentação do Padre	Apresentação do Diácono
Intervenções de membros do povo cristão. Leitura da carta de nomeação da Santa-Sé	Chamado do candidato e solicitação da Igreja ao bispo para que fulano seja ordenado. Apresentação do candidato pelos membros da assembléia que o conhecem.	Chamado do candidato e solicitação da Igreja ao bispo para que fulano seja ordenado. Apresentação do candidato pelos membros da assembléia que o conhecem.

Toda ordenação concerne ao povo cristão. É na presença dele, vinculado a ele, que um candidato é chamado, apresentado, ordenado. O bispo, "revestido da plenitude do sacramento da ordem" (LG n. 26), em comunhão com os outros bispos e o papa, dirige e preside cada diocese que é uma Igreja local. É ele que pode ordenar um outro bispo, os padres, os diáconos, a serviço de sua diocese ou de um outro. Pode-se ser candidato ao ministério ordenado, não se é forçado a isso, mas, antes de tudo, somos chamados pelo povo de Deus e pelo bispo. E o povo tem sua palavra a dizer para atestar que o candidato é digno.

---

[23] *Ritual de ordenação de bispos, presbíteros e diáconos.* São Paulo, Paulus, 1994.

O compromisso do futuro ordenado[24]

Compromisso do Bispo	Compromisso do Padre	Compromisso do Diácono
1 Um encargo a serviço do povo de Deus... até a morte.	1 Tornar-se colaborador dos bispos no sacerdócio...	1 Uma consagração à diaconia da Igreja.
2 Anunciar o Evangelho, com fidelidade e firmeza.	2 Realizar o Ministério da Palavra, anunciando o Evangelho e expondo a fé católica.	3 Guardar o mistério da fé..., proclamar esta fé pela palavra e pelos atos, fiel ao Evangelho e à Tradição da Igreja.
3 Guardar o depósito da fé, segundo a Tradição recebida dos Apóstolos, e mantida sempre e em toda parte na Igreja.		
4/5 Construir o corpo de Cristo... permanecer em sua unidade, com toda a ordem dos bispos, sob a autoridade do sucessor de Pedro.	6 Prometer manter-se em comunhão com seu bispo, no respeito e na obediência.	6 Prometer manter-se em comunhão com seu bispo, no respeito e na obediência.
6 Com os colaboradores, padres e diáconos, cuidar como um pai do santo povo de Deus e dirigi-lo pelo caminho da salvação.	1 ... Para servir e orientar sem esmorecimento o povo de Deus, sob a luz do Espírito Santo.	2 Desempenhar a função de diácono com caridade e simplicidade de coração, para ajudar o bispo e seus padres e fazer progredir o povo cristão.
7 Com o coração pleno de bondade e de misericórdia, acolher, em nome do Senhor, os pobres, os estrangeiros e todos aqueles que estão em dificuldades.		
8 Como bom pastor, partir em busca das ovelhas desgarradas para reuni-las no redil do Senhor.		
9 Interceder sem descanso pelo povo santo e desempenhar a contento a função de sumo sacerdote e de pastor.	4 Implorar a misericórdia de Deus para o povo, ser sempre assíduo ao encargo da oração.	4 Manter e desenvolver um espírito de oração, celebrar a liturgia das horas..., interceder pelo povo de Deus e pelo mundo.
	3 Celebrar com fé os mistérios de Cristo: eucaristia, reconciliação... para o louvor de Deus e a santificação do povo cristão.	5 Conformar toda a sua vida ao exemplo de Cristo cujo corpo e sangue tomará do altar para distribuí-los aos fiéis.

---

[24]Nos quadros, os compromissos e as ações litúrgicas não seguem a mesma ordem para as três ordenações, embora haja elementos comuns.

A ordenação começa após a homilia, por um diálogo entre o bispo e o candidato. Ele se apresenta como um compromisso oficial do candidato diante da assembléia. Questões e respostas revelam a significação de cada ministério, suas tarefas, por assim dizer. Aí encontramos o essencial do Novo Testamento. Há ordens diferentes: a do episcopado, a do presbiterato e a do diaconato, mas um único sacramento da ordem. Não nos esqueçamos também de que um padre já foi ordenado diácono, e que o bispo é um padre escolhido para o episcopado. As grandes significações do ministério ordenado na Igreja aparecem claramente:

Um serviço ao povo de Deus. Trata-se mais da recepção de um múnus pastoral, paternal e fraternal do que da recepção de um poder monárquico e autoritário. Esse povo pertence a Deus, e não ao ministro ordenado, e é Deus que o conduz por seu Espírito. É Deus quem o confia a ele para que o ensine, guie-o, construa-o, interceda por ele e lhe sirva, a exemplo de Cristo. O ministério ordenado simboliza, portanto, uma desapropriação. Lembra e garante que em toda a Igreja deve ser significado o lugar do Outro que a convoca e constitui seu fundamento. Bispo, padre ou diácono são ordenados não para separar-se do povo, para exercer funções e papéis em seu lugar, e sim para, em estreita comunhão com ele, contribuir para sua construção como povo de Deus.

Um serviço ao Evangelho. Todo ministério ordenado é ministério da palavra, do anúncio de Cristo, Boa Nova para todos os homens. Anúncio em palavras e em atos. Pode-se observar a ênfase nas expressões: mistério da fé, depósito, fidelidade à Tradição... Pode-se opor Escritura e Tradição nas disputas teológicas. Aqui, é a propósito da Escritura que se fala de Tradição. O ministro ordenado deve conhecer, meditar e ensinar a Palavra de Deus. Deve assegurar-se de que é a fé recebida do testemunho dos apóstolos que nutre a do povo cristão. Deve, como Paulo (cf. 1Cor 15,3.11), transmitir fielmente o que recebeu. O ministério ordenado está a serviço de uma continuidade da profissão de fé cristã.

Uma exigência de comunhão. Unidade, colegialidade, colaboração, comunhão, exigências que são amplamente mencionadas. Nenhuma ordem pode ser isolada das outras. Ao contrário, cada uma ganha sentido no interior do conjunto e no vínculo que mantém com as outras. No âmago dessa comunhão, o ministério do bispo, que se exerce no interior da Igreja local da qual está encarregado, mas também mediante sua pertença ao colégio de todos os bispos em comunhão entre si e com o sucessor de Pedro. O vocabulário de comunhão é privilegiado em relação ao de uma hierarquia de graus e sobretudo ao de uma monarquia.

Um serviço da oração e da santificação. Uma exigência comum às três ordens, formulada de três maneiras complementares. De modo geral, no que concerne ao bispo, como sumo sacerdote e pastor, ele deve velar e prover para que a oração e a celebração dos sacramentos sejam asseguradas, presidindo-as ele mesmo, ou ordenando ministros que vão presidi-las ou organizá-las. No que concerne aos padres e aos diáconos, algumas precisões: a eucaristia e a reconciliação para uns, o serviço da mesa eucarística para outros. Oração e sacramentos são orientados para Deus, a quem se dirigem a súplica e a ação de graças, e para o povo cristão inteiro, chamado à santidade, em que Deus realiza essa santidade pelos sacramentos. Os ministros ordenados são seus servidores.

Para as três ordens

A oração da assembléia

É uma longa oração cantada, litania de santos ou ladainha dos santos, oração penitencial e oração universal. Momento intenso de abertura simbólica: união entre o céu e a terra, entre as gerações de fiéis, testemunhas de ontem e de hoje. Oração de toda a assembléia, antes dos ritos essenciais da ordenação, que pede a Deus para "abençoar, santificar e consagrar" aquele que vai ser ordenado.

Durante essa oração, o ordenando se prostra. Gesto de disponibilidade, de adoração e de humildade diante da grandeza do encargo que lhe será confiado.

A ordenação

A imposição das mãos (em silêncio)

Os bispos presentes impõem as mãos no futuro bispo: ele entra em sua ordem. O bispo e, em seguida, todos os padres presentes, seus colaboradores, impõem as mãos àqueles que entram na ordem dos sacerdotes. Só o bispo impõe as mãos nos diáconos que escolheu a seu serviço, mas que não fazem parte do conselho presbiteral em torno do bispo e não exercem o encargo pastoral com ele. Gesto de bênção e de oração silenciosa habitual em diversos ritos de consagração.

A oração de ordenação

É a parte mais antiga da ordenação. É uma oração que lembra que tudo vem de Deus e que ele organizou tudo para a salvação dos homens e o bem de seu povo. Suplica que Deus derrame seu espírito sobre aquele que é ordenado, como o fez com tantos outros e, sobretudo, com seu Filho. Para a ordenação de um bispo, durante essa oração mantém-se um evangeliário aberto sobre sua cabeça, o que simboliza o dom do Espírito sob o sinal do evangeliário, ou seja, do Evangelho a proclamar.

Os gestos simbólicos significativos

Ordenação do Bispo	Ordenação do Padre	Ordenação do Diácono
1 Unção do *santo óleo* sobre a cabeça, para que ele seja penetrado pela graça de Deus e que seja fecundo seu ministério.	1 Unção do *santo óleo* na palma das mãos do novo padre: por meio delas, irá santificar o povo cristão e oferecer o sacrifício eucarístico.	
2 Entrega do *evangeliário*: que ele pregue a Palavra de Deus com grande paciência e com o cuidado de instruir.		2 Entrega do *evangeliário*. O diácono proclama o Evangelho na missa e pode pronunciar a homilia.
3 Entrega do *anel*: sinal de fidelidade à Igreja, esposa de Deus.	2 Entrega das *vestes* litúrgicas (Estola e Casula cf. p. 40)	1 Entrega da *veste* (Estola)
4 Entrega da *mitra*, para que brilhe nele o esplendor da santidade...		
5 Entrega do *báculo* pastoral, sinal do encargo de cuidar de seu povo e de bem governá-lo.	3 Entrega do *pão* e do *vinho* trazidos pelos fiéis ao bispo: são a oferenda do povo que ele deve apresentar a Deus.	
6 A instalação do novo bispo em sua *cátedra*, o assento que lhe é confiado em sua igreja catedral.		
7 O *beijo fraterno* dado no novo bispo por aquele que o ordenou e pelos outros bispos.	4 *Beijo fraterno* no novo padre pelo bispo, seus colegas, sua família e seus amigos.	3 *Beijo fraterno* no novo diácono pelo bispo, outros diáconos, padres, sua família e seus amigos.

5

A RECONCILIAÇÃO E O PERDÃO

O sacramento da reconciliação acompanha a caminhada do cristão durante toda a vida, em sua luta contra o pecado. Ele convida a reconciliar-se com Deus, consigo mesmo, com os outros (a passar da culpa à responsabilidade).

Experiências simbólicas

Na vida cotidiana

O homem, um ser inacabado

O ser humano nasce inacabado. No plano fisiológico, leva anos para tornar-se autônomo e adulto. No plano psicológico, é preciso aprender a ajustar-se ao real sob todas as suas formas: assumir seus próprios limites, renunciar à onipotência e à onisciência, à posse dos outros. É preciso aceitar definitivamente a própria finitude e a condição mortal. No plano espiritual, espera-o também um trabalho paciente e interminável, o do domínio de suas pulsões de violência e de morte, assim como de cobiças que o assaltam sem cessar. Tudo isso ele consegue cultivando suas capacidades de palavra e de pensamento, desenvolvendo todos os recursos de seu espírito, que o convida a se educar na beleza, na serenidade e na paz interior. No plano religioso, enfim, se for cristão, deverá sempre procurar conhecer a Deus para além das representações que dele possa ter. Sempre desmascarar as imagens de Deus que não são senão os reflexos enganadores de nosso próprio imaginário e as projeções de nossos próprios sonhos.

Uma ferida original

> Não consigo entender nem mesmo o que eu faço; pois não faço aquilo que eu quero, mas aquilo que mais detesto (Rm 7,15).

São Paulo exprime desse modo o lado oneroso e trágico da condição humana. O ser humano é formado de contradições e de tormentos. Em face de seu trabalho permanente para viver feliz, poder-se-ia conceber que ele segue uma trajetória linear, uma progressão constante. Mas, não. "Nada é adquirido para sempre." O que ele ganha hoje pode perder amanhã. Tudo está sempre por recomeçar, e as regressões o espreitam. O homem pode até expulsar os maus espíritos de si por algum tempo, mas eles continuam a dormitar em seu ser, em estado latente, à espera da ocasião para novamente tomá-lo de assalto. Que atitude adotar diante dessa ferida original? Diante desse quebra-cabeça, cuja composição harmoniosa é sempre frágil e que um nada sempre pode desordenar? A revolta e a recusa espreitam o homem. Revolta diante de uma divindade a quem ele atribui a responsabilidade por todas as infelicidades e por todos os sofrimentos do mundo. Recusa em assumir suas faltas e seus limites. Seja pela satisfação de todas as suas necessidades, a qualquer preço. Seja pela autoproclamação de sua igualdade à divindade, não àquela que é, mas àquela com que ele sonha: arbitrária em sua onipotência, sem freio em seus desejos, infalível em sua maneira de conceber o bem e o mal, e totalmente livre para impor a todos, por todos os meios, o que julga ser o melhor para eles.

A desesperança é uma outra atitude. Renúncia em relação a si mesmo, desmobilização em relação à busca do bem, esmorecimento e cinismo. A desesperança pode assumir uma outra forma mais perniciosa. Visto que o homem não passa de malícia e perversão, vaidade e violência, é necessário dominá-lo, subjugá-lo de maneira autoritária, impor-lhe mil restrições e brandir diante dele mil ameaças para que o medo o torne sensato. Ou urge encerrar-se nos espaços de pureza, para evadir-se e proteger-se da corrupção do mundo. Espaços de observâncias rigorosas onde ele se entrega a práticas gregárias e obsessivas, ou abandona — eventualmente nas mãos de um "guru" —

toda possibilidade de pensar por si mesmo, de escolher e, portanto, também de se enganar, a fim de não ser responsável nem culpado de nada, e onde, de tanto sonhar com a autonomia, acaba manietado.

Que reconciliação?

O ser humano é cindido e busca a unidade. Sua condição é feita de realidades contraditórias e antagônicas, e ele busca uma harmonia. O homem se sente profundamente tentado a abolir a tensão, a descartar um dos elementos entre os quais se debate. Entretanto, o caminho da humanização passa por uma reconciliação consigo mesmo, com as realidades da vida, com os outros. Essas três dimensões mantêm-se juntas e são as bases de todo trabalho simbólico. Não é seu espelho que lhe revela quem ele é. Fundir-se, como Narciso, com uma imagem sonhada de si mesmo leva-o à perdição. É o enfrentamento com o real, com o mundo, com os eventos da história, com as pessoas de seu meio, que o constrói e o revela a si mesmo. Um real que lhe escapa e lhe resiste, do qual ele só percebe alguns dados, algumas realidades: as que ele constrói, sempre parciais e provisórias. É também o enfrentamento com os outros, que igualmente lhe escapam e lhe resistem. Apesar disso, ele não pode viver reconciliado consigo mesmo sem ser acolhido pelos outros e sem acolhê-los, sem aceitar as diferenças, sem assumir choques e conflitos, sem conhecer nem praticar o perdão. Como suportar as próprias sombras, as próprias fraquezas e traições, se os outros não o aceitarem com elas e apesar delas, amando-o e confiando nele tal como ele é, ou seja, perdoando-o? E se os outros negarem seu perdão quando ele lhes pedir, reconhecendo-se culpado, não estarão construindo um mundo diabólico, o de seu próprio fechamento ("seu inferno"), e não um mundo simbólico, onde a comunhão prevalece sobre todas as divisões? Isso se aplica a todas as relações, quer entre grupos sociais, quer entre indivíduos.

Na Bíblia

A Bíblia propõe uma via de reconciliação com Deus. Não o Deus que o homem imagina, fabricado à sua própria imagem, ou seja, um ídolo, mas o Deus cujos pensamentos diferem dos seus (cf. Is 55,8). Contudo, não nos apressemos muito em pintar o retrato ideal desse Deus, descartando os esboços ou as caricaturas que a história humana e individual fizeram dele. Foi preciso muito tempo — de Abraão a Jesus, o Filho bem-amado, passando por Moisés e Davi — para delinear alguns traços de seu rosto, para descobrir o que ele não é... E a história pessoal não basta para conhecê-lo em verdade, "face a face" (cf. 1Cor 13,12), para aceitar que ele é diferente do que pensamos dele, para crer no inacreditável: ele é simplesmente amor e graça. Em suma, "em nome de Cristo, suplicamos: reconciliem-se com Deus" (2Cor 5,20).

Falemos do pecado

Até agora não utilizamos a palavra "pecado". Padre Congar dizia que "só há pecado em relação ao Deus vivo". Aos olhos da fé, não há pecado a não ser em relação à revelação do amor de Deus. No início, é o amor infinito de Deus, e não o pecado do homem. Este, quando advém, é superado pela graça. Erros e omissões em relação a critérios de disfuncionalidade ocorrem com freqüência e são corrigidos. Crimes, contravenções e infrações a leis e regulamentos são passíveis de julgamento e de condenação. Todavia, do ponto de vista da fé, erros e faltas só constituem pecados em relação a alguém que nos ama, que confia em nós e que não nos nega seu amor. "Pequei contra ti, somente contra ti" (Sl 50), diz Davi, após Natã ter-lhe revelado que seu crime foi uma ruptura da aliança com Deus. "Pequei contra Deus e contra ti; já não mereço que me chamem de teu filho", diz o filho pródigo (Lc 15,18). Podemos corrigir nossos erros e até nos servir deles como trampolim. Podemos também reparar nossas faltas por expiações e penas mais ou menos longas ou pesadas. Contudo, não podemos nos perdoar nossos pecados. Só aquele cuja confiança traímos pode renová-la em nós, se lhe pedirmos perdão; aquele com quem rompemos a aliança pode restaurá-la a nosso rogo.

Além disso, o pecado situa-se sempre numa dupla dimensão. Davi traiu a confiança de Deus ao desposar a mulher de Urias e ao assassiná-lo (cf. 2Sm 12). O devedor da parábola traiu seu patrão que acabava de conceder-lhe anistia por uma dívida impagável, enquanto ele "agarrou, e começou a sufocar" um companheiro que lhe devia uma soma irrisória (cf. Mt 18,25-35). Não merecemos ser filhos de Deus, a menos que nos comportemos como ele. Todo pecado tem uma dimensão teológica, pessoal e social: desviar-se de Deus significa provocar a própria perdição. Mas implica também em romper e empobrecer as relações interpessoais, com os irmãos e irmãs e com a Igreja.

Jesus e o pecado

A vida de Jesus foi um duro combate contra o pecado sob todas as suas formas. O Evangelho narra suas tentações no deserto, as quais se inscrevem na continuidade com as de Adão e Eva, figuras dos primeiros seres humanos, e com as de Israel, em sua longa travessia do deserto e sua difícil passagem da servidão à liberdade e ao serviço. Jesus resiste ao tentador diabólico, ao divisor que impele o homem a tornar-se cego em relação a si mesmo, à sua condição humana, com seus limites. O tentador sugere-lhe fazer uso de sua condição de filho de Deus para satisfazer suas necessidades, para exercer um poder absoluto e arbitrário sobre o mundo inteiro, para impor uma verdade a golpe de milagres, insinuando que não há mais necessidade de busca nem de inquirições. Jesus resiste e escolhe o caminho do servidor. Cada página do Evangelho no-lo apresenta exercendo uma função libertadora, a de exorcista. Ele exorciza aqueles que encontra e resiste aos espíritos maus que os habitam e os acorrentam: alguns são atingidos em sua sanidade mental ou física, paralisados pela vergonha ou pelo medo, prisioneiros da culpa. Outros são imbuídos de seu rigorismo farisaico e se gabam de seus conhecimentos teológicos. Tomam-se por sagazes, embora não tenham a mesma lucidez acerca de si mesmos, e mostram-se ciosos de seu poder sacerdotal e de sua influência política...

Jesus e os pecadores

O combate de Jesus contra o pecado manifestou-se sob o modo profético da resistência, da lucidez, sem concessão nem compromisso. Mas se manifestou também na vertente pastoral: pela camaradagem fraternal com os pecadores. Em vez de condená-los em nome de princípios, de interditos e de regras morais, aproximou-se deles, comeu com eles, deu-lhes boa acolhida (cf. Lc 15,1), mostrando-se, assim, solidário e comprometido com cada um deles. Exortou-os a se reerguerem, a ficarem de pé e a caminharem, dando-lhes novamente confiança, força e dignidade, quando, em nome da lei, estavam excluídos e condenados. Seu perdão sempre era oferecido àquele que o pedia e o reconhecia como o Messias de Deus. Um perdão — dizia ele a Pedro — que deve ser concedido sem limites (cf. Mt 18). Aliás, será a esse homem falível, "voltado" para as pretensões e ilusões a respeito de si mesmo, mas curado pelas chagas de seu mestre e amigo e diante de seu amor sem limites (cf. 1Pd 2,18-25), que Jesus confiará a tarefa de fortalecer seus irmãos (cf. Lc 22,32).

Símbolos e ritos

Na liturgia, na oração e na vida

O batismo e a eucaristia

O batismo é o grande símbolo da luta contra o pecado no seguimento de Cristo e da reconciliação com Deus. A chaga original não é mais uma fatalidade para os imersos nas águas do batismo. A partir daí, eles vivem, sob o signo do perdão de Deus, sem falta. A comunhão eucarística do corpo de Cristo e de seu sangue derramado pela multidão, em remissão dos pecados, atualiza a reconciliação batismal. Ela compromete o cristão a dar sua vida como Jesus e a lutar contra todos os desejos enganadores. Na Escritura, não faltam exortações a esse compromisso.

Maneiras de celebrar a reconciliação

Até o século VI, só existia uma maneira de celebrar a reconciliação, considerada como um segundo batismo e concedida apenas uma única vez na vida àqueles que houvessem renegado gravemente sua fé batismal. Sua não-reiteração e seu excessivo rigor fizeram com que ela só fosse recebida no momento da morte. A partir do século VI, tornou-se possível receber diversas vezes o perdão de Deus, instaurou-se a prática da confissão individual. Após uma história movimentada, a Igreja, depois do Vaticano II, apresenta quatro maneiras de celebrar o perdão e a reconciliação:

- a confissão individual;
- a celebração comunitária com confissão e absolvição individuais;
- a celebração comunitária com absolvição geral;
- a celebração comunitária não-sacramental (sem absolvição).

Em todas essas celebrações, encontram-se, sob formas diversas, os mesmos componentes, os mesmos passos simbólicos.

Acolher-se mutuamente. Deve-se dar grande atenção a esse primeiro momento, tempo de saudação fraternal, de apresentação, de oração comunitária. Padre e penitente(s) fazem juntos o sinal-da-cruz, invocando o Espírito Santo.

Ouvir a Palavra de Deus. É a Palavra de Deus que nos revela até onde vai seu amor por nós e nossa infidelidade. Ela nos revela também que a ruptura do pecado não é a última palavra. É preciso ainda que não nos limitemos a utilizar os textos escolhidos para daí extrair catálogos moralizadores e culpabilizantes. Na confissão individual, é melhor que o próprio penitente escolha um texto e se prepare lendo-o e meditando a seu respeito.

"Confessar" o amor de Deus, ao mesmo tempo que nosso pecado. A palavra confessar (*confiteri* em latim) quer dizer proclamar, anunciar, sendo empregada na Bíblia e na tradição cristã em três sentidos complementares: confessar o amor, as maravilhas de Deus; confessar a fé, a confiança nele; e, enfim, confessar os pecados. A confissão dos pecados e o exame de consciência ficam, portanto, desvirtuados quando não precedidos ou acompanhados pela evocação das maravilhas

do amor de Deus e pela renovação da confiança nele, por um "exame de confiança", por assim dizer.

Acolher o perdão de Deus para ser sua testemunha. Seguem-se então as palavras sacramentais do perdão, pronunciadas pelo padre, que estende as mãos na direção do penitente para exprimir-lhe a bênção e a reconciliação de Deus, em um clima de alegria e de louvor. A acolhida do perdão de Deus não deve restringir-se ao momento em que é recebido, mas deve difundir-se em todos os frutos de perdão que produzirá a vida daquele que o recebe.

Um dinamismo evangélico a ser vivido no cotidiano

Os gestos simbólicos da luta contra o pecado na vida cotidiana são ao mesmo tempo gestos de resistência e também gestos anunciadores do Reino, símbolos de um mundo de Deus onde triunfam o amor e o perdão. Gestos pelos quais cada um também recebe a garantia de ser perdoado...

A prática do perdão mútuo. "Se vocês perdoarem aos homens os males que eles fizeram, o Pai que está no céu também os perdoará" (Mt 6,14). Manifestar ao outro compaixão, benevolência, e perdoar é conduzir-se como Filho do Pai e como seu Filho, que chegou a perdoar seus próprios inimigos.

A emulação e a correção fraternas. "Se o seu irmão pecar, vá e mostre o erro dele..." (Mt 18,15). Juntos é que os batizados devem lutar contra o pecado, mostrar-se solidários, nutrir entre si uma emulação espiritual para imitar Cristo. O que supõe não deixar de lado e não excluir friamente aqueles que caem, mas conversar com eles, recuperá-los, reconfortá-los, sustentá-los e acompanhá-los a fim de que se ergam, não se percam nem desesperem de Deus. Essa emulação e essa correção competem a cada pessoa, bem como a toda a comunidade e a seus pastores.

A partilha e o dom de si. "A água apaga o fogo, e a esmola apaga os pecados" (Eclo 3,29). A partilha dos próprios bens, do próprio tempo, é um gesto de despojamento de si. O sinal de que o fiel não deve se atribuir nenhum direito de propriedade, nem sobre as coisas, nem sobre as pessoas. "Vocês receberam de graça, dêem também de graça!" (Mt 10,8).

A luta pela justiça e a rejeição da injustiça. "Felizes os que são perseguidos por causa da justiça, porque deles é o Reino do Céu" (Mt 5,10). É a luta mais perigosa. A de Jesus, o justo perseguido por defender a justiça de Deus e denunciar as maneiras como ela é travestida por aqueles que se apresentam como seus protetores. Deus é justo: não faz diferença entre as pessoas. Todos têm o mesmo direito ao respeito, à dignidade, a uma vida decente, inclusive os estrangeiros, os pobres, os oprimidos, os excluídos. "Aprendam a fazer o bem: busquem o direito, socorram o oprimido, façam justiça ao órfão, defendam a causa da viúva... Ainda que seus pecados sejam vermelhos como púrpura, ficarão brancos..." (Is 1,16-18).

A oração. "Confessei a ti o meu pecado, não te encobri o meu delito. Eu disse: 'Vou a Deus confessar a minha culpa!' " (Sl 31,5). A oração converte o pecador (penitência quer dizer retorno), descentrando-o de si mesmo e reconduzindo-o a Deus. Torna-o capaz de arrepender-se, mas sem perder a coragem e a confiança. Reconhecer o próprio pecado é também reconhecer-se perdoado e render graças.

O jejum. "Ele o humilhou, fez você sentir fome... tudo para mostrar-lhe que o homem não vive só de pão, mas de tudo aquilo que sai da boca de Deus" (Dt 8,3). Experiência espiritual mais do que higiênica. Experimentar a fome para reanimar o desejo do essencial, o desejo de Deus e de sua Palavra. Para assumir a falta fundamental e não ser escravo de nenhuma cobiça.

6

O MATRIMÔNIO

O ser humano é sexuado. É um dado da natureza, de sua natureza. Todavia, sua sexualidade não se reduz à genitalidade nem aos mecanismos de reprodução em vista da sobrevivência da espécie. Ela se reveste de uma dimensão simbólica e cultural, estruturando-o como ser de troca e de relação.

Experiências simbólicas

Na vida cotidiana

Único, diferente, incompleto

O fato de ser homem ou mulher manifesta-se pelas diferenças no plano não apenas fisiológico, mas também psicológico e espiritual. Cada ser humano é uma pessoa única, autônoma e responsável em sua consciência e, no entanto, incompleta. O fato de ser sexuado é o traço, em cada um, de uma incompletude, de uma falta fundamental. Um traço que nutre uma necessidade psicofisiológica, mas também um desejo espiritual de procurar sua "cara-metade". Cada indivíduo não é senão, por assim dizer, a metade de um símbolo, autônomo, e no entanto em busca e à espera da outra metade, diferente e complementar para realizar-se em plenitude. Em um primeiro movimento, seu imaginário impele-o à busca, como em um espelho, do duplo de si, idêntico ou semelhante a ele e, portanto, transparente, pensante e reagente como ele, com os mesmos gostos, os mesmos sentimentos... Contudo, o trabalho simbólico consistirá em superar essa atitude narcisista primeira, para buscar um(a) outro(a) de si, ele(ela) também único(a) e diferente, e aceitá-lo(la) e desejá-lo(la) como tal. Sem isso, os dois se arriscarão a viver na confusão

– 109 –

permanente, a perder sua identidade própria, seu desejo próprio. A conjugalidade harmoniosa funda-se na capacidade de cada um conjugar bem os verbos para distinguir aquilo que "eu" penso, "eu" sinto, "eu" quero, daquilo que "tu" pensas, "tu" sentes, "tu" queres, para construir aquilo que "nós" pensamos, "nós" queremos (cf. p. 75). Assim como cada um é único, cada casal é também único: essa diferença é aceita e até procurada, em vista da união dos esposos, chamados a "tornarem-se uma só carne" (Gn 2,24). Eles se unem para uma fecundidade procriadora, mas também espiritual e criadora de sentido, que permite a ambos realizarem-se na direção de um "terceiro", o filho ou um outro dom de vida em torno deles. Eles escapam, desse modo, ao segundo narcisismo, o do casal indissoluvelmente ligado a seus espelhos ou aninhados em seu casulo, esperando lutar contra o terceiro narcisismo, o da família fechada, protetora e possessiva.

No começo era a troca

Segundo os etnólogos, o nascimento da humanidade e a origem das culturas estão atrelados à *troca de mulheres*. O casamento foi, antes de tudo, objeto de um arranjo entre famílias, entre clãs, para evitar os laços de sangue (cf. o interdito do incesto), priorizando-se os laços de aliança fora do círculo do parentesco. Havia duas preocupações fundamentais: garantir uma descendência, transmitir um patrimônio e também, mediante as alianças, ampliá-lo e consolidá-lo (cf. as práticas de "dotes"). Em seguida, progressivamente, sobretudo graças à influência da Igreja, veio *a troca de consentimentos*. À medida que se desenvolveu o sentido da pessoa única e livre quanto a suas escolhas, com seus direitos e seus deveres, progrediu o sentido da dimensão e da seriedade do matrimônio: duas pessoas se amam, consentem em se doar mutuamente e se comprometem diante de testemunhas, diante da Igreja. Foi uma transição importante. A Igreja estabelecerá a necessidade de um contrato que garanta a liberdade de cada um, de acordo com as finalidades do matrimônio cristão... Mais recentemente, colocamos em primeiro plano *a troca amorosa*, valorizando a harmonia do casal. Esses três aspectos coexistem hoje, embora se combinem de maneiras diversas, segundo as culturas e os modos de vida. Eles se exprimem por meio uma multiplicidade de ritos e de símbolos que, segundo o caso, se encontram em plena evolução. Atestam que a relação homem-mulher, no contexto de uma família, é revestida de uma dimensão simbólica maior em todas as sociedades. Ela é a figura mais eminente da unidade e da convivência humanas. Sua realização no respeito mútuo, na igualdade de direitos reconhecidos, na fidelidade e na ternura é uma tarefa que funda a humanidade.

Na Bíblia

A criação do homem e da mulher

> E Deus criou o homem à sua imagem; à imagem de Deus ele o criou; e os criou homem e mulher (Gn 1,27).
>
> Por isso, um homem deixa seu pai e sua mãe, e se une à sua mulher, e eles dois se tornam uma só carne (Gn 2,24).

Essas duas passagens dizem o essencial da visão bíblica. Antes de mais nada, esta idéia forte e surpreendente: o traço e a assinatura de Deus no ser humano criado à sua imagem residem no fato de ele ser sexuado, masculino e feminino, plural. Ele é à imagem de Deus porque é um ser para outro, à espera de outro, dando-se a outro e se recebendo dele. Criados por Deus à sua imagem, o homem e a mulher se parecem com ele, por seu dinamismo permanente de abertura ao outro, de comunhão harmoniosa para construir com o outro. Jesus citará essas duas passagens (Mc 10,6) durante uma polêmica com os fariseus. Diante das facilidades de repúdio das mulheres pelos homens, Jesus lembra que o casal monogâmico é desejado por Deus desde as origens, e declara: "O que Deus uniu, o homem não deve separar" (cf. Mc 10,9). Além disso, ele rediscute certos desvios no que concerne à relação homem-mulher tal como vivida em sua cultura: a dominação do homem sobre a mulher, o arbítrio com que repudia sua esposa, o tratamento reservado às mulheres adúlteras pelos homens que se arrogam a impunidade (cf. Jo 8,2-11), a segregação das mulheres para as tarefas domésticas e sua exclusão do ensino religioso... "Ensinar a lei à sua filha é como ensinar-lhe o deboche", diz a *Mishná* no século I. Jesus se mostra receptivo aos pecadores. Aceita a companhia de mulheres-discípulos e estimula Maria, a irmã de Marta, a escutar seu ensinamento.[25]

A simbólica nupcial

O que testemunha a relevância do matrimônio na Bíblia é a recorrente utilização de sua imagem para falar da Aliança entre Deus e seu povo e, posteriormente, entre Cristo e a Igreja. A Aliança é comparada às núpcias, às bodas com seu banquete. Deus se apresenta como um apaixonado que jura fidelidade à sua bem-amada e jamais a trairá. Em contrapartida, quando seu povo o esquece, escolhe outros deuses e se prostitui, ele se lamenta, se enfurece e extravasa sua decepção, mas se recupera do ardor de sua cólera. "Agora, sou eu que vou seduzi-la, vou levá-la ao deserto e conquistar seu coração... você me chamará 'Meu marido' e não mais 'Meu ídolo' " (Os 2,16-18). O Novo Testamento apresenta a vinda de Jesus como a realização definitiva da Aliança, como as bodas do Cordeiro, inauguradas em Caná da Galiléia, seladas no sangue da cruz, como o banquete de núpcias do Reino, do qual certos convidados fizeram pouco caso, mas do qual tomam parte os pobres e os excluídos, desde que vestidos com a túnica nupcial, a da fé (cf. Mt 22,1-14). Em uma longa passagem, Paulo fala do casamento como uma parábola dos esponsais entre Cristo e a Igreja.

> Maridos, amem suas mulheres, como Cristo amou a Igreja e se entregou por ela; assim, ele a purificou com o banho de água e a santificou pela Palavra, para apresentar a si mesmo uma Igreja gloriosa, sem mancha nem ruga ou qualquer outro defeito, mas santa e imaculada. Portanto, os maridos devem amar suas mulheres como a seus próprios corpos. Quem ama sua mulher, está amando a si mesmo. Ninguém odeia sua própria carne; pelo contrário, a nutre e dela cuida, como Cristo faz com a Igreja... Esse mistério é grande: eu me refiro a Cristo e à Igreja (Ef 5,25-32).

---

[25] Cf. MARGUERAT, Daniel. *Le Dieu des premiers chrétiens*. Genève, Labor et Fides, 1990. Cap. 7.

Paulo associa de maneira simbólica diversos planos de reflexão. Quando fala de um "grande mistério" refere-se ao mistério do dom que Cristo fez de sua pessoa: entregou-se pela Igreja e seu amor, até morrer por ela, tornou-a santa, bela, pura. Deu seu corpo e seu sangue por ela. A Igreja celebra em memorial, em toda eucaristia, o símbolo e o sacramento desse dom. A Igreja escolhida é esposa de Cristo; ele a tratou como seu próprio corpo, nutrindo-a, cercando-a de afeição. Paulo nos diz que o matrimônio e o amor recíproco do homem e da mulher são parábolas vivas desse amor de Cristo pela Igreja, esse amor de Cristo por todo homem. Cuidar do doente, nutrir o faminto, visitar o prisioneiro, acolher o estrangeiro... (cf. Mt 25), tantas maneiras de cercar de atenção o corpo de Cristo. Todavia, quando se trata de dois esposos, que fazem o dom recíproco de seu próprio corpo, do mais íntimo de si mesmos, compreende-se o desafio simbólico desse sacramento para os cristãos. Eles são um para o outro o sacramento maior da proximidade de Deus e de sua ternura.

Símbolos e ritos

Na liturgia

Nos primeiros séculos da vida da Igreja, o matrimônio dos cristãos não requeria ritos específicos. Os cristãos se conformavam aos costumes de seu país, de suas famílias, na medida em que esses não se opunham à fé cristã e aos princípios do Evangelho. Para eles, era uma maneira particular de viver o batismo e a eucaristia: casavam-se no Senhor. Hoje, é diferente. Sendo o matrimônio considerado, há muitos anos, um dos sete sacramentos, a Igreja implantou um ritual oficial que veio se juntar aos ritos das famílias e da sociedade civil. A celebração comporta alguns gestos simbólicos específicos.[26]

---

[26] Só abordamos aqui os gestos simbólicos particulares à celebração do matrimônio, que podem comportar outros gestos comuns a todas as celebrações, eucarísticas ou não.

A troca de consentimentos. Após ouvir a Palavra de Deus e a homilia, os noivos se dão a mão, manifestam diante dos amigos, das testemunhas, diante de um representante da Igreja sua vontade de se doar livremente um ao outro, para se amar fielmente na alegria e na tristeza, e se apoiar durante toda a sua vida. Essa troca diante de testemunhas é simbólica no sentido mais forte do termo. Antes da celebração, eles já disseram "sim" um ao outro. Entretanto, o fato de exprimi-lo diante de testemunhas, em um contexto ritual, sela sua troca, fazendo-os existir como esposos de maneira pública e oficial, muda seu *status*. Após essa troca, o padre estende a mão direita sobre eles e pronuncia uma palavra de confirmação.

A bênção e a troca das alianças. Gesto que prolonga o precedente. Após a troca de consentimentos, vem a das alianças, objetos simbólicos que eles trarão no dedo, evocações permanentes e visíveis do laço que os uniu.

O pai-nosso e a bênção nupcial. A bênção nupcial, que vem após o "pai-nosso", é o elemento mais antigo do ritual do matrimônio, sendo considerado no Oriente como o elemento essencial. Ela convida a inscrever o que vive um casal particular num contexto ampliado: o do plano de Deus, da grandeza e da santidade do matrimônio. Está em continuidade com a bênção de Deus nas origens, quando Deus, após ter criado o homem e a mulher, "os abençoou", desejou que fossem fecundos e viu quão bom era tudo o que ele havia feito, como tudo era muito bom (cf. Gn 1,28-31).

A assinatura dos registros. A inscrição dos nomes dos esposos, de suas testemunhas, em um registro oficial onde são averbados outros nomes, é uma maneira de exprimir que o matrimônio não é apenas um assunto privado, mas social e público. É uma chancela de alto alcance simbólico, e não pura formalidade.

7

A UNÇÃO DOS ENFERMOS

O sacramento da unção dos enfermos associa a Cristo e a sua Paixão aqueles que sofrem. Ele os convida a viver sua enfermidade ou sua deficiência como um caminho de salvação para si mesmos e seus irmãos, um caminho de pobreza que se abre para as bem-aventuranças.

Experiências simbólicas

Na vida cotidiana

Precariedade da vida humana

A enfermidade está ligada ao caráter frágil, precário, vulnerável do mundo. Pode afetar os vegetais, os animais, os elementos (o mar, por exemplo), tanto quanto o homem. Está associada à morte, e outrora o hospital de caridade era mais um lugar de acompanhamento de moribundos do que de cura. A enfermidade assume uma dimensão simbólica e não apenas fisiológica. Concerne à relação do ser humano com sua condição precária e mortal. Perturba suas relações consigo mesmo, com os outros, suas atividades, o mistério da vida e da morte. O homem experimenta em seu ser mais íntimo uma finitude radical contra a qual nada pode: nenhuma segurança coloca-o ao abrigo da destruição de seu corpo. Suas ilusões, cedo ou tarde, desmoronam. Ele vivencia também sua solidão. A saúde pregou-lhe uma peça. Ele, que vivia ambientado, inserido em redes afetivas, cercado de compromissos e atividades, encontra-se agora sozinho, inútil, frente a frente com o silêncio e as noites intermináveis, marginal e dependente, não mais como nos primeiros tempos da infância e do desenvolvimento de sua humanidade, mas em face de um declínio inelutável. Doença e deficiência são provas iniciáticas que dão lugar a um percurso simbólico. Afetam a identidade profunda da pessoa e requerem um trabalho de luto. Esse trabalho consiste em aceitar a perda, abandonar uma situação positiva para assumir uma nova, repleta de incertezas e percebida como negativa. Um trabalho "pascal" de morte e ressurreição, por assim dizer. Uma vez mais, os elementos de seu quebra-cabeça pessoal se encontram em pleno caos, surgindo um ou novos espaços vazios. Como restabelecer uma harmonia, uma coerência? O doente encontra-se diante da necessidade de uma travessia mais ou menos longa e onerosa. Entretanto, um acompanhamento fraterno pode ajudá-lo a viver as etapas: negação, revolta, depressão, aceitação, reconstrução e nova partida. Caso seja uma pessoa no fim da vida, esse acompanhamento poderá permitir-lhe morrer com dignidade.

Uma dimensão social

Certas enfermidades foram consideradas outrora como sinais de maldição, de punição dos pais: "Quem foi que pecou, para que ele nascesse cego? Foi ele ou seus pais?" (Jo 9,2), perguntam os discípulos a Jesus, diante do cego de nascença. Algumas delas, como as doenças de pele, davam lugar a um isolamento, a uma exclusão. Atualmente, os progressos da medicina modificaram esses dados. São passíveis de prevenção, de tratamento, de cura, e fala-se mais de saúde do que de doença. Restam ainda as questões suscitadas pelas doenças graves, pelas deficiências provocadas por acidentes, enfermidades novas como a Aids, as doenças mentais, as degenerações nas situações de velhice prolongada... E isso num contexto social, freqüentemente, mais frio, mais técnico, mais dessimbolizado do que outrora. De tanto tratar casos e operar órgãos, pode-se chegar a não mais cuidar das pessoas e deixar de acompanhá-las em suas experiências humanas. De tanto exaltar os programas e as imagens de saúde, beleza e juventude, pode-se esquecer e excluir, de certa forma, os feridos de nossas sociedades modernas. Não obstante, os recursos da solidariedade e do coração, longe de se extinguirem, manifestam-se de múltiplas maneiras no mundo "da saúde" e também na opinião pública. Basta lembrar a repercussão nos meios de comunicação de certas questões — a Aids, a eutanásia, os tratamentos paliativos... —, a mobilização e a dedicação das equipes de assistentes e das associações diversas, o interesse pelas questões éticas relacionadas com a saúde.

Na Bíblia

A experiência da doença e do sofrimento na Bíblia suscita questões difíceis para os fiéis. Por que Deus todo-poderoso não pode ou não quer impedi-las? Por que essa imperfeição de suas criaturas? Por que enfermidade e sofrimento acometem justos e injustos? Seriam elas conseqüências da desordem introduzida pelos pecados do homem? Perguntas de todos os tempos, às quais religiosos, filósofos e sábios respondem de diversas maneiras. Questões que em muitos provocam o escândalo e são um obstáculo para a fé. A Bíblia não tergiversa a seu respeito, e o livro de Jó, por exemplo, aborda-as de modo direto. Elas abrem ao mistério de Deus, ou seja, àquilo que a um só tempo sempre excede a inteligência humana e àquilo que a história da Aliança nos revela dele. No percurso espiritual de Israel, a experiência do exílio é uma etapa importante a esse respeito. Dela encontramos um eco particularmente em Isaías e nos Salmos. Profeta e salmista exprimem aquilo que as provações permitiram a Israel descobrir do mistério de Deus, seu salvador.

Jesus e os enfermos

O ministério de Jesus se inscreve facilmente nessa lógica de salvação. Citando Isaías, ele declara aos discípulos de João que foi enviado para que "os cegos recuperem a vista, os paralíticos andem, os leprosos sejam purificados, os surdos ouçam, os mortos ressuscitem e aos pobres seja anunciada a Boa Notícia" (Mt 11,5). Esses sinais anunciam que os tempos messiânicos se realizaram. A atitude de Jesus para com os doentes físicos ou mentais, os sofredores, os deficientes — o catálogo das doenças e deficiências que Jesus encontra é impressionante nos Evangelhos — não constitui um adendo a seu ministério; é como que seu âmago. Ele mesmo aceitará o cadinho do sofrimento e da morte e fará dele um caminho de cura para todos: "Sobre o madeiro levou os nossos pecados em seu próprio corpo, a fim de que nós, mortos para nossos pecados, vivêssemos para a justiça. Por meio dos ferimentos dele é que vocês foram curados" (1Pd 2,24). A atitude de Jesus não é a de um curandeiro, de um médico. Ela só é compreendida no interior de uma simbólica particular, da qual se destacam as seguintes características:

Uma presença e um companheirismo. Em Jesus, Deus não responde às questões do homem de maneira teórica, mas prática. "Esta é a tenda de Deus com os homens... Ele vai enxugar toda lágrima dos olhos deles, pois nunca mais haverá morte, nem luto, nem grito, nem dor. Sim! As coisas antigas desapareceram!" (Ap 21,3-4). Essa promessa se refere aos tempos futuros, porém em Jesus sua realização já é inaugurada. Deus vem partilhar a condição humana, sua finitude, sua precariedade, seus gritos de sofrimento também. Essa presença de Deus já é um reconforto e um consolo. É uma presença interna, e não uma assistência externa, incidental. Em Jesus, Deus identifica-se com o enfermo que é visitado, com o ferido que é tratado, com o sedento que é saciado.

Um combate pela saúde do homem. A presença de Deus é uma presença ativa, um combate pela saúde do homem. Saúde física e mental. Jesus trata do corpo, mas também liberta o homem dos espíritos maus que o paralisam e mantêm suas angústias, suas ambições, suas culpas. Nesse combate, ele não hesita em transgredir os tabus de exclusão, em tomar o lugar do leproso excluído que acaba de curar; não teme os perigos de contaminação que vêm do homem doente e ferido, e sim daqueles que se aferram à sua sede de poder e às suas certezas. Sua atitude muda radicalmente a imagem de Deus e desarraiga a doença das lógicas fatalistas, voluntariamente exploradas pelas religiões. Ele combateu os sofrimentos sob todas as suas formas e não os exaltou como meio de redenção, como se costuma dizer. Fez o máximo para aliviar e curar as pessoas. Entretanto, ele mesmo assumiu o sofrimento e a tortura, quando chegou a hora do injusto e vil processo. Condenado por ter curado e feito o bem, esse foi seu último combate pela saúde do homem, por sua salvação: um combate redentor.

Uma salvação e uma libertação mediante o reconhecimento de Jesus na fé. A cura dos corpos é uma etapa nas narrativas evangélicas. De dez leprosos curados, nove seguiram em frente, à procura de sua reintegração. Só o décimo, um samaritano, voltou atrás dando glória a Deus em altos brados. Jogou-se no chão, prostrou-se aos pés daquele que o havia curado, e lhe agradeceu. Jesus disse a ele: "Levante-se e vá. Sua fé o salvou" (Lc 17,11-19). Esse homem doente entra em comunhão de fé com Cristo reconhecendo-o como salvador. Seu pedido de saúde e recuperação torna-se para ele o símbolo da salvação. Ele se ergueu, ressuscitou, retomou a caminhada.

Uma comunhão restaurada. Muitos enfermos curados por Jesus são reintegrados à família, recuperam o lugar e a dignidade no grupo, o que não exclui choques e resistências (cf. O cego de nascença, Jo 9). A comunidade que Jesus reúne em torno de si não é uma comunidade de puros e de sadios, separados do mundo. Ao contrário, é para os enfermos, os rejeitados e os sofredores que ele envia sua Igreja. A atitude de uma comunidade cristã para com os enfermos e os oprimidos pela vida, sejam eles seus próprios membros ou não, é um critério fundamental de sua boa saúde evangélica.

Símbolos e ritos

Na liturgia e na oração

A imposição das mãos e a unção do óleo

> Alguém de vocês está doente? Mande chamar os presbíteros da Igreja para que rezem por ele, ungindo-o com óleo, em nome do Senhor. A oração feita com fé salvará o doente: o Senhor o levantará, e se ele tiver pecados, será perdoado (Tg 5,14-16).

Graças a esse testemunho de são Tiago, sabemos de maneira precisa que a Igreja, desde as origens, previa para os doentes graves uma oração e um rito oficial. Em passado recente, falava-se mais de extrema-unção do que de unção dos enfermos, pois esse sacramento só era dado aos moribundos. Depois do Concílio, a Igreja estimula sua recepção por todos aqueles que são acometidos pela doença ou pela idade, para que enfrentem e vivam positivamente sua experiência, em união com Cristo. Prevê também que o sacramento possa ser recebido por vários cristãos doentes, no decorrer de celebrações comunitárias, e estimula em todos os casos a presença de diversos membros da comunidade cristã. Nesse sacramento, encontram-se os elementos comuns a toda celebração.

Os dois gestos simbólicos previstos são a imposição das mãos e a unção com óleo. Dois gestos que já abordamos. A oração pelo enfermo, da qual fala são Tiago, acompanha o primeiro, uma bela fórmula acompanha o segundo. Outrora, os cristãos utilizavam o óleo consagrado de três maneiras. Derramavam-no sobre os ferimentos para aliviá-los, como o samaritano que "aproximou-se dele e fez curativos, derramando óleo e vinho nas feridas" (Lc 10,34). Bebiam-no também como um elixir, ou, como os doze, faziam unções com óleo para abrandar o mal e favorecer a cura (cf. Mc 6,13).

Enquanto faz unção sobre a fronte e as mãos do doente, o padre diz:

> Por esta santa unção e pela sua infinita misericórdia, o Senhor venha em teu auxílio com a graça do Espírito Santo, para que, liberto dos teus pecados, Ele te salve e, na sua bondade, alivie os teus sofrimentos (*Ritual da unção dos enfermos* n. 76).

A comunhão dos enfermos

Entre os impedidos, os ausentes de toda assembléia dominical, os doentes não devem ser esquecidos. Na pessoa do padre ou de leigos que lhes trazem a comunhão, eles recebem o reconforto da palavra proclamada na assembléia e do pão eucarístico, de que podem comungar.

A visita aos doentes

Trata-se de encontros familiares, gratuitos, pessoais, para uma presença e uma conversa fraternal. Graças a tais visitas, o doente não se sente separado do mundo: pode falar e exprimir suas idéias, seus sentimentos. Eventualmente, também pode refletir, rezar e preparar-se para receber um sacramento.

O acompanhamento e os cuidados cotidianos

Evoquemos, para concluir, o imenso desenvolvimento de organismos de saúde e de famílias em todo o mundo, a dedicação de que dá prova uma infinidade de pessoas para acompanhar, assistir, curar aqueles que sofrem. Não seria esse um sinal do Espírito de Deus atuando no coração dos homens? Além de sua presença no bojo desse desenvolvimento, evoquemos também as iniciativas dos cristãos concernentes ao serviço evangélico aos doentes, para que os enfermos se organizem em fraternidades, se amparem e assumam suas vivências, para atuar no mundo hospitalar, em meio às estruturas das capelanias...

8

LITURGIA POR OCASIÃO DA MORTE DE UM CRISTÃO

Os funerais cristãos celebram a morte como uma passagem derradeira para a vida em Deus e com Deus. Ajudam os vivos a acompanhar os moribundos e a viver seu próprio fim como Páscoa.

Experiências simbólicas

Na vida cotidiana

A morte humana

Em diversas ocasiões, já nos referimos à morte ou ao "morrer". Cada etapa da vida se apresenta, de fato, com suas duas margens. Para abordar uma, é preciso deixar a outra. Cumpre atravessar o vau, ou mergulhar e enfrentar as águas profundas, temendo afogar-se, ou ainda, largar as amarras e impelir-se ao largo, sem saber em que porto se atracará. Desta vez, trata-se da última etapa, da última passagem. Experiência que não se pode descrever, porque dela não se volta. Cada um vê a morte de um jeito: compreensão ou revolta interior, diante do último suspiro, do retorno ao pó e à cinza, da ausência definitiva, de tantas questões sem resposta...

O processo de hominização começou quando nossos longínquos ancestrais tomaram consciência da finitude e se puseram a sepultar seus mortos. Por meio de ritos e mitos, fizeram da morte biológica uma morte simbólica, uma morte representada. Para colocar ordem no caos provocado pelo desaparecimento de membros de seu grupo. Para que sua morte adquirisse sentido e não interrompesse a continuidade da vida. Para tecer novos laços entre si e inscrevê-los numa memória comum, numa genealogia. Pressentiam haver no homem algo maior que ele.

A diversidade e a evolução das mentalidades em relação à morte e ao além-túmulo, assim como os modos de vida no espaço e no tempo, suscitaram representações e práticas rituais variadas. A tendência hoje é esvaziar, desumanizar a morte, que se torna cada vez mais clínica: com freqüência se morre sozinho, no hospital, e não em casa. Abreviamos e simplificamos a duração dos ritos e do luto. Novas representações e crenças, como a da reencarnação, tendem a desdramatizar a morte... Em vez de serem enterrados, os mortos são incinerados. Tudo isso é sintomático de uma desconstrução simbólica, sem que se possa distinguir novas coerências, nem afirmar categoricamente que tais posturas acarretam progresso para a humanidade ou regressão e perda de sentido.

Na Bíblia

Na Escritura, o fiel enfrenta a morte e a encara com seriedade, como parte da condição humana comum. Não esvazia seu aspecto incompreensível, e até absurdo: "Os dias do homem são como a relva: ele floresce como a flor do campo... roça-lhe um vento, e já não existe, e ninguém mais reconhece o seu lugar" (Sl 102,15-16). Na tumba, não se louva, não se fala do amor de Deus (cf. Sl 87). A partir do século II a.C., nasce a fé na ressurreição, mas não como uma ressurreição dos corpos: após a morte, Deus dá ao homem sua própria vida, eterna. O Justo não pode deixar eternamente no Xeol (morada dos mortos) aqueles que deram a vida por ele (cf. o livro dos Macabeus e o salmo 15).

Com Jesus e os cristãos, essa fé na ressurreição evolui. Jesus foi ressuscitado corporalmente, proclamam os discípulos. Seu ser pessoal foi transformado em sua totalidade: Deus o ergueu, o exaltou, o despertou, o ressuscitou. Tantas linguagens que exprimem uma realidade nova. Seu cadáver não foi reanimado. Porém, sua pessoa, sua capacidade de presença ao outro (e, portanto, também seu corpo) receberam uma realização na glória do Pai. Os discípulos afirmam sua fé na ressurreição não a partir de reflexões teóricas ou de instituições, mas com base em experiências pessoais e comuns de reencontros com ele, com seu corpo espiritual — "Nós, que comemos e bebemos com Jesus, depois que ele ressuscitou dos mortos" (At 10,41) — e a partir de sua experiência comunitária restaurada. Dispersados, aniquilados, ei-los reunidos, restabelecidos, testemunhando Cristo, curando, libertando e erguendo em seu nome. Falam de sua comunidade eclesial como de seu corpo animado pelo Espírito. Primogênito de toda criatura, Jesus é também o primogênito entre os mortos (cf. Cl 1,15-20). "Eu sou a ressurreição e a vida. Quem acredita em mim, mesmo que morra, viverá. E todo aquele que vive e acredita em mim, não morrerá para sempre" (Jo 11,25-26).

Paulo declara vãs todas as tentativas de explicação do como da ressurreição, e retoma a imagem que o próprio Cristo escolheu para falar de sua morte e ressurreição: a do grão de trigo que morre e produz fruto em abundância (cf. Jo 12,24).

> Aquilo que você semeia não volta à vida, a não ser que morra. E o que você semeia não é o corpo da futura planta que deve nascer, mas simples grão de trigo ou de qualquer outra espécie [...].

> O mesmo acontece com a ressurreição dos mortos: o corpo é semeado corruptível, mas ressuscita incorruptível [...]; é semeado corpo animal, mas ressuscita corpo espiritual... (1Cor 15,36.42-44).

Essa imagem positiva da germinação, com o fato de que o corpo do próprio Cristo foi sepultado, explica por que a Igreja tradicionalmente prefere o sepultamento dos mortos à sua cremação, imagem mais negativa do aniquilamento. Esta, no entanto, é possível, e a Igreja respeita a escolha das pessoas e das famílias, pedindo que ela seja precedida pela celebração das exéquias em presença do corpo do defunto (*Ritual* n. 18).

Símbolos e ritos

Na liturgia e na oração

Os cristãos sempre dispensaram o maior cuidado ao acompanhamento dos moribundos e ao sepultamento de seus mortos. O próprio momento da morte era vivido de maneira muito simbólica, em um ambiente pascal. A morte do cristão era concebida como um prolongamento de seu batismo. O dia de sua morte era chamado *dies natalis*, dia de seu nascimento, dia de sua passagem da morte para a vida, deste mundo para o Pai. Prevalecia o gesto simbólico que exprimia a dimensão pascal: a recepção da comunhão viática, o sacramento para a passagem, poder e garantia de ressurreição. Os funerais eram também vividos no mesmo ambiente: homenagear os corpos dos fiéis batizados e nutrir com a eucaristia os corpos que foram o templo do Espírito Santo. Progressivamente, os funerais foram se tornando mais importantes, passou-se a dar ênfase ao julgamento de Deus e à oração da Igreja pelo perdão dos pecados dos defuntos. A reforma do Vaticano II voltou à primeira perspectiva, preconizando um esforço pastoral nesse sentido: a presença de cristãos nas associações que se preocupam em humanizar a morte, acompanhar os moribundos, apoiar as famílias em luto, dar acolhida e dialogar de maneira humana e simples com as pessoas que quase não crêem e que estão afastadas da Igreja...

Os momentos e os lugares simbólicos

Em casa ou no velório: morre-se cada vez menos em casa, e as prescrições da Igreja, como orações e ritos funerários, nem sempre são observadas. Sempre que possível, a comunhão viática antes da morte, o acompanhamento e as orações fúnebres devem ser estimulados. Na medida do possível, é bom valorizar as orações e todos os gestos humanos, visitas e condolências que podem reconfortar os parentes. O fechamento do caixão e a partida da casa são momentos muito intensos, do ponto de vista simbólico. Uma palavra bíblica e uma oração (previstas pelo ritual) podem aliviar o impacto emocional e lhe dar sentido.

Na igreja ou na capela do cemitério: é o momento em que a comunidade, reunida em torno da pessoa falecida e de seus parentes, acolhe a palavra de esperança, ora a Deus e dá o último adeus. Um momento de profundo abatimento para os parentes. É a comunidade eclesial (bem maior que a família) que reza por um de seus membros, que evoca seu rosto, sua história, que abençoa, incensa seu corpo e o confia a Deus. Compreende-se a importância da presença do próprio corpo do defunto, nessa celebração, antes de ele ser cremado.

A liturgia dos funerais cristãos comporta os elementos habituais de toda celebração. Ela oferece a possibilidade de reencenar a simbólica do batismo: deposição, sobre o caixão, de uma cruz ou de um outro emblema cristão (Bíblia, medalha de batismo etc.); deposição da túnica branca; valorização do sinal da luz; aspersão do corpo. Está ligada também à eucaristia: quer a decisão de celebrá-la durante os funerais tenha sido tomada de acordo com a família, quer tenha sido prevista em outro momento oportuno, por exemplo, na missa dominical. Pelo rito do último adeus, "a comunidade cristã saúda um de seus membros antes de ser sepultado. Embora na morte haja sempre certa separação, contudo, os cristãos, que são um em Cristo, nem pela morte poderão sentir-se separados" (*Ritual de exéquias* n. 10).

No cemitério. Lugar público, em que todos são iguais perante a morte. Lugar onde são mantidos os vestígios do defunto, quer seja enterrado, quer seja cremado. Simbolicamente, é preferível que a urna seja deposta em um columbário, e não mantida em casa. Os mortos só pertencem a seus entes queridos, e o luto será mais bem vivido se estes souberem, como os amigos de Lázaro, desamarrá-lo e deixá-lo andar (cf. Jo 11,44). Os cemitérios são lugares de memória comum e também de reencontros, por ocasião de festas ou de novos lutos.

9

O SIMBOLISMO DO CORPO

No decorrer do livro, enfatizamos a importância do corpo no simbolismo cristão. Por que consagrar-lhe um capítulo especial? Porque o corpo é símbolo humano e cristão por excelência, e isso merece aprofundamento. A história das representações do corpo humano é uma história agitada. Nossas mentalidades ocidentais são marcadas por visões dualistas que influenciaram a filosofia e a teologia. Enquanto o pensamento bíblico considera o homem como um todo unificado, um único organismo psicofisiológico animado por um sopro vital, o pensamento dualista grego apresenta-o como um composto de dois elementos: matéria e espírito, corpo e alma. O cristianismo que herdamos é muito marcado por esse pensamento dualista, o de Agostinho, de diversos teólogos e também de Descartes.[27] Aprendemos a ler o Evangelho e a interpretar a fé cristã com essas lentes culturais. Quando vemos Jesus curar os corpos, mal compreendemos que ele cura pessoas. O médico deve tratar do corpo, ao padre (ou ao psicólogo) cabe curar as almas... Na morte, a alma se desvanece, esperando que a ressurreição a faça reencontrar seu corpo glorioso.

A esse dualismo se soma uma escala de valores. O mental e o espiritual prevalecem sobre o corporal e o manual. O prazer da inteligência é bom, o do corpo é inferior, e até desprezível, pois se aproxima da animalidade, da bestialidade (a palavra "besta" designa ao mesmo tempo a animalidade e a asneira...). O ideal de muitos místicos preconizou o desprezo pelo corpo e a exaltação da alma, o desdém pelo trabalho manual e o apreço pela reflexão intelectual.

---

[27] Certas correntes religiosas atuais retomam esses modos de pensamento, quando apresentam, por exemplo, a reencarnação.

O trabalho foi considerado como penitência e resgate do pecado, até que as correntes monásticas cristãs da Idade Média o exaltassem como participação na ordem do mundo (na Grécia antiga, o trabalho era reservado aos escravos). Também se sabe da desvalorização do casamento em relação à virgindade na história da Igreja, sobretudo em razão de ele comportar o exercício da sexualidade, freqüentemente considerada como mancha. Nossa cultura atual ainda é marcada por essas oposições em diversos aspectos.

Inúmeras correntes do pensamento atual reabilitam a unidade do ser humano, reconciliando-se, por um lado, com o pensamento bíblico, mas também com as representações tribais mais arcaicas. Aqui e ali, os sintomas disso são percebidos pelos comportamentos; no campo da sexualidade, da moda e do corpo (tatuagens, *piercings*...). É importante, no entanto, compreendê-los no contexto ocidental atual. Paradoxalmente, de fato, a revalorização do corpo pode reduzi-lo a um corpo-objeto: objeto de cuidados médicos ou estéticos, objeto publicitário, em uma perspectiva unicamente lúdica e comercial, objeto de prazer, em uma busca erótica — acarretando, portanto, uma desvalorização do corpo-símbolo.

O corpo, lugar privilegiado da experiência simbólica

Cada pessoa é um corpo vivo e como tal se experimenta. Um corpo infinitamente complexo com suas funções diversas e complementares. Ele produz, gasta e regula a energia vital, quer calórica, quer nervosa, quer espiritual. Pensa, e não só graças a seu cérebro, mas também a seus órgãos, particularmente a seus sentidos. De fato, o cérebro é órgão de conexão que recebe, processa, interpreta e distribui as informações sob a forma de sinais e códigos. Também é órgão de sensações e de sentimentos. Quando os olhos ou os ouvidos percebem um perigo, o cérebro os compreende e acelera os batimentos cardíacos, a sensação de pavor ou a palidez súbita... Quando a mão toca, o cérebro faz a boca dizer: "Eu toco" e não "Minha mão toca". Esse "eu" jamais existiria sem o cérebro, tampouco sem os órgãos dos sentidos e todos aqueles que asseguram seu funcionamento. A linguagem comum e a linguagem poética quase sempre traduzem essa unidade do corpo, ao fazer uma associação estética dos sentidos: "Ouça, veja...", "Vejo o que você quer dizer", "Olhe com suas mãos"... "Só se vê bem com o coração...". E o imperialismo do cérebro perde terreno diante da valorização da inteligência da mão, do artesão ou do artista, ou diante da inteligência do coração... "A beleza do quadro emerge quando a mão se desvencilha do intelecto", dizia um pintor. Costuma-se falar do "sexto sentido" para designar a abordagem intuitiva e imponderável de certas realidades.

> Fabrica-se um violão segundo regras muito precisas: espécie de madeira, qualidade, espessura, instrumentos etc. Todavia, por mais que o fabricante respeite rigorosamente todas as especificações técnicas, chega sempre um momento em que a ciência atinge seu limite e o artesão deve recorrer à percepção física do tato. Há um momento em que o homem que se encarregará dessa fina folha de madeira que vai conformar o corpo do violão deve esquecer medidas e regras e, fechando os olhos, confiar-se à sensibilidade do dedo.[28]

A função simbólica

Hoje em dia, emprega-se muito a expressão "função simbólica". Do mesmo modo que existem as funções nervosas, respiratórias, digestivas etc., que permitem ao corpo subsistir como corpo vivo, também existe a função simbólica. Uma função específica e global graças à qual cada ser humano se identifica e se relaciona diversamente com o universo onde ele vive e morre, com os outros, com Deus. Ela lhe permite estabelecer uma relação de aliança, e não de liga. Liga é um metal obtido pela fusão de dois ou mais metais, que a partir daí se confundem. Já uma aliança entre pessoas se dá por um movimento de separação, de distanciamento, para que cada uma se distinga da outra em sua singularidade, e para que se estabeleça a harmonia entre si, sem que nenhuma delas perca sua identidade própria. Essa função é exercida pela totalidade do corpo, tal como acabamos de expor.

---

[28] Ver artigo de Jean Louis Barrault na *Revie Les 4 Saisons* (UCTM, n. 222, mars, 1994, p. 7).

Um interior e um exterior

Em seu íntimo, cada pessoa experiencia uma pluralidade de sentimentos, de maneira agradável ou desagradável. A função simbólica encontra sua origem nessa sensibilidade íntima do corpo que se percebe a si mesmo e sem a qual ele não existiria como sujeito humano. Todavia, essa percepção interior só é possível porque existe uma exterioridade ao corpo. Um exterior a marcá-lo, antes de mais nada, por sua pele, esse invólucro sensível que atua como limite e fronteira. Invólucro frágil, sujeito a mudanças e contaminações, que exige cuidados e purificações. A todo momento, a pele capta inúmeros dados — calor, dor, carícias... — que lhe permitem monitorar a situação do corpo em seu ambiente. Ela o coloca em contato com o mundo e com o outro. Contato que vai se tornar mais preciso pelo toque da mão, do gosto, do olhar, do odor e do som. As realidades exteriores que o cercam são percebidas como diferentes e distantes de si. Esse é o primeiro aspecto da função simbólica.

> A oração também tem um ambiente. Ela se cerca de coisas, termos e suporte do gesto: o livro, o ícone, o crucifixo, as relíquias, a imagem e até a medalha ou aquela ferramenta oratória magnificamente identificada como "genuflexório"; em outro lugar, esses serão os iantra do iogue, o moinho de orações lamaístas, a sineta ou a esteira. Coisas, sim, mas que pertencem ao gesto... O objeto se define em função do movimento em que o corpo, objeto entre os objetos, não passa de um dos termos.[29]

Eu e os outros

O segundo aspecto concerne à diferenciação necessária entre cada um e os outros. Quando nasce, a criança é separada, desligada de sua mãe com a qual vivia em fusão, em total dependência e num calor constante. Seu primeiro grito traduz uma dilaceração, uma sensação de frio e de desconforto, de abandono e de solidão. A tomada de consciência e a aceitação de não mais constituir uma unidade com sua mãe serão objeto de um trabalho progressivo nela. Até

---

[29] CERTEAU, M. de *La faiblesse de croire*. Paris, Le Seuil, 1987, p. 20.

pouco tempo, a criança se identificava com a mãe, confundia-se com ela em seu seio; entretanto, graças aos cuidados, ao aleitamento e, sobretudo, à palavra de seus pais, irá descobrir sua diferença e assumi-la. Por meio de diversas aprendizagens corporais, sobretudo da linguagem, o bebê superará a indistinção e aprenderá a reconhecer as pessoas por uma comunicação correta e por uma coexistência harmoniosa.

Entre nós e entre vocês

O terceiro aspecto da função simbólica situa-se em outro nível. Já falamos da conjugação correta dos verbos na primeira e na segunda pessoa (cf. p. 110). Restam os pronomes da terceira pessoa: o "ele(s)/ela(s)" ou o "se". "Ele ou ela" podem representar pessoas ausentes, conhecidas ou desconhecidas, vivas ou mortas. O "se" representa uma realidade indefinida. "Diz-se obrigado, não se destrói, não se voa". O "se", índice da indeterminação do sujeito, representa então uma regra, uma lei, um costume transmitido e respeitado entre os seres humanos em geral ou entre os membros de uma comunidade particular. Mais do que o "se", usa-se freqüentemente a forma passiva: "Foi dito que" (cf. Mt 4,4.6-10; 5,21-ss). Essas referências se baseiam ou não numa transcendência, num "ele(s) ou ela(s)" fundadores ou ancestrais, que aprenderam, revelaram ou ensinaram que... Concernem ao corpo social em seu conjunto e regulam os direitos e deveres dos corpos individuais, ou seja, das pessoas. Fazem o objeto de transmissão entre as gerações. Essa terceira pessoa, esse terceiro termo, está na base da ordem simbólica. Intercala-se entre as pessoas, entre os grupos, evitando que se fechem em relações duais, na qual se fixa como único objetivo o "mão na mão", o "olhos nos olhos". Para Israel, esse terceiro termo é a Lei, dada por Deus, e, para os cristãos, o Evangelho de Cristo, transmitido pelas Escrituras, proclamado e vivido por sua Igreja.

Educar os sentidos para orientar o sentido

A função simbólica concerne aos sentidos corporais que se exercem graças a órgãos complexos. Poderíamos considerá-los como mecanismos, gravadores ou câmeras, por exemplo que gravam e transmitem. A cirurgia tem feito enormes progressos para tratá-los e curá-los. Entretanto, os sentidos são mais do que os órgãos. Embora sejam a sede da visão, do tato, da audição, do olfato, do paladar, sabemos na realidade que dizem respeito a todo o organismo. Por meio deles, a pessoa humana se constrói como diferente, capaz de comunicar-se e de comungar com realidades diferentes de si mesma. Seus sentidos são o lugar de um trabalho simbólico determinante. Cada ser humano é habitado por pulsões e necessidades: a necessidade de pegar, de tocar, de comer, de ver, de exercer sua sexualidade... O animal também, mas nele essas necessidades são reguladas pelos códigos genéticos de sua espécie. O ser humano deve determinar a si mesmo para gerir, canalizar, orientar suas pulsões, dar sentido àquilo que faz, em relação a si mesmo e aos outros. Seus sentidos são objeto de uma primeira educação por parte dos outros, e depois de um domínio e de um controle permanente por parte de si mesmo. Educação e domínio que não são unicamente de ordem comportamental, mas também de ordem espiritual: passagem da necessidade de devorar ao desejo de nutrir outrem e de partilhar com ele; do voyeurismo ao respeito; da necessidade de pegar para si mesmo ao desejo de dar ao outro... Essas passagens se encontram no âmago de um trabalho simbólico permanente, o dos sentidos, mas, ao mesmo tempo, do espírito humano, e, para os cristãos, o da verdadeira "caridade". Trabalho que requer linguagem humana e intercâmbio de palavra — portanto, trabalho do ouvido, da voz, da língua, dos lábios e da boca.

A função simbólica e a fé

A Aliança de Deus com Abraão fez dele o pai da fé, o primeiro de uma linhagem em que Deus instaura com os seres humanos uma relação sobre bases novas. As religiões de seu meio consideravam que os deuses e os seres humanos faziam parte do mesmo universo, entre os quais se estabelecia uma troca de energia. Os deuses fecundam a terra e os ventres, em troca, os homens lhes oferecem em sacrifício seres vivos, humanos ou animais, para mantê-los, revigorá-los, torná-los propícios. Deus revela a Abraão sua diferença fundamental. Para subsistir, não precisa de outro sacrifício que o de ação de graças (cf. p. 62). A Aliança representa como que um rompimento do cordão umbilical, o fim de uma dependência fusional em relação a Deus e o nascimento para a liberdade diante dele, o estabelecimento de uma parceria em que Deus cria por amor e graça e o homem participa desta criação. Ela inaugura também uma relação nova entre os descendentes de Abraão e, por meio deles, entre os homens. Relações fundadas na liberdade, no direito de cada pessoa e na unicidade de Deus, que não se confunde com nenhuma realidade humana, seja qual for.

> Os meus projetos não são os projetos de vocês, e os caminhos de vocês não são os meus caminhos...
>
> Tanto quanto o céu está acima da terra, assim os meus caminhos estão acima dos caminhos de vocês, e os meus projetos estão acima dos seus projetos (Is 55,8-9).

O corpo de Cristo

A nova Aliança não revoga a primeira. É sua realização. O próprio Deus, como foi anunciado, veio habitar entre os homens. Assumiu a condição humana comum. Seu corpo não era simples aparência de corpo. Viveu visceralmente todos os aspectos dessa condição. O símbolo cristão por excelência é a pessoa humana concreta de Cristo: um corpo que vive do leite e das carícias de sua mãe, que sente calor e frio, cansaço, alegria e tormento, que morre de verdade. Bem enraizado em uma cidade, em uma profissão, em uma cultura. Quando se fala da humanidade de Cristo, voltam as tentações dualistas. Homem e Deus ao mesmo tempo, sem separação nem confusão, diz a tradição teológica. Para fazer uma comparação, cada um de nós é, ao mesmo tempo, filho, pai, esposo; com um *status*, uma profissão, e no entanto somos nós mesmos, únicos, com nossa personalidade e nossa consciência. Poder-se-ia dizer também sem separação nem confusão, na medida em que cada dimensão de nossa vida tem seu lugar.

> Sede surdos quando vos falarem de outra coisa a não ser Jesus Cristo, da raça de Davi, filho de Maria, que verdadeiramente nasceu,

que comeu e bebeu, que foi verdadeiramente perseguido sob Pôncio Pilatos, que foi verdadeiramente crucificado e morreu, à vista do céu, da terra e dos infernos, que também, verdadeiramente ressuscitou dentre os mortos... Pois se, como dizem certos ateus, ele só sofreu em aparência — eles mesmos não existiriam a não ser em aparência —, por que sou acorrentado?... Então é por nada que me entrego à morte?...[30]

Separar a divindade de Cristo de sua humanidade é assumir o risco de considerar seu corpo como uma concessão, uma tela por trás da qual se ocultariam sua essência e sua consciência divina. Como um simples signo visível que dá acesso a uma realidade invisível. O que supõe transparência e quase nenhuma consistência. Como se nosso corpo escondesse nossa alma e não passasse de um acessório provisório. Como se não se tratasse o corpo do doente, não se partilhasse com o faminto a não ser para, por meio dele, agradar a Deus. Como se o espiritual estivesse além do corporal. Como se o corpo social da Igreja, que não é senão um signo imperfeito do corpo glorioso de Cristo, pudesse se eximir de crer nele, quando foi por amor a ela que ele mesmo se entregou. O mistério da encarnação é assim como que anulado, esvaziado. Crer na encarnação supõe, com efeito, olhar com os olhos do coração o homem Jesus, contemplar seu corpo desfigurado, afeado, daquele que foi traspassado, manter-se ao pé de sua cruz como João e as três Marias, colocar, como Tomé, o dedo e a mão em suas chagas e reconhecer aí a infinitude do amor de um ser humano para com seus irmãos, dizendo "Meu Senhor e meu Deus!" (Jo 20,28).

---

[30] INÁCIO DE ANTIOQUIA. *Épître aux tralliens*. Paris Le Cerf, 1998, pp. 119-121 (*Sources Chrétiennes*, n.10).

10

A LITURGIA, UMA AÇÃO SIMBÓLICA

As preconcepções que nos marcam

Evoluções recentes

Na Igreja católica, a liturgia tornou-se no decorrer dos séculos uma ação simbólica quase exclusivamente executada por ministros investidos de funções, em um cerimonial minuciosamente regulado. Vestimentas, passos, atitudes, gestos, tom de voz..., tudo era previsto pelas rubricas. Para o culto oficial da Igreja, os corpos dos oficiantes eram revestidos de ornamentos (não se dizia vestes litúrgicas), os gestos, revestidos de solenidade, os mais impessoais possíveis. Faltava corpo às próprias coisas, freqüentemente reduzidas a aparências, sem consistência real. A hóstia não se apresentava como o pão, e não se costumava mastigá-la; as unções com óleo em chumaços de algodão umedecidos eram logo cuidadosamente removidas, do mesmo modo que algumas gotas parcimoniosas do batismo... Após a Renascença, acreditava-se sobretudo nos efeitos mágicos e supersticiosos. Desejava-se também garantir a legitimidade e a validade dos atos sacramentais, estabelecer o poder sagrado dos padres e, em razão dos perigos da Reforma ou da laicidade, fixar os ritos para evitar qualquer contaminação e significar a resistência a toda mudança.

Seguiu-se outro período, particularmente após o início do século XX, quando o povo católico tomou consciência de sua missão apostólica, em um mundo hostil ou estranho à Igreja e em vias de secularização. Período de despertar espiritual, de ação católica e novas expectativas em relação à liturgia, com um desejo de participar, de compreender, de haurir das fontes da liturgia, de estabelecer um laço vital entre celebração e existência concreta. Como as possibilidades de mudar os rituais eram nulas, passou-se a utilizá-los de outra forma. Inúmeros comentários de padres para explicar os símbolos e os ritos, assembléias cada vez mais participantes (cf. as missas dialogadas dos anos 50), apresentação dos sacramentos como compromissos em relação ao Evangelho e à fé, desenvolvimento de ações simbólicas à margem das ações propriamente litúrgicas sempre intocáveis (jogos cênicos, procissões do ofertório...). À preocupação com a validade se juntava a preocupação com a participação. Também se desejava tornar a liturgia útil para ensinar e transmitir idéias, mobilizar os participantes a serviço da missão. No entanto, continuava-se adotando as perspectivas dos catecismos que haviam compartimentado e classificado em uma ordem lógica as dimensões da vida cristã: as verdades a crer, os mandamentos a praticar, os sacramentos a receber... Estes, com freqüência, eram percebidos e vividos mais como uma formalidade do que como algo inserido na existência cotidiana.

Hoje

Parece que hoje, décadas após a reforma do Vaticano II, nos encontramos em meio a um turbilhão. As duas concepções que acabamos de evocar de maneira esquemática influenciaram amplamente a implantação da reforma conciliar. Esta foi bem marcada (e ainda o é) pelos resquícios do formalismo e do utilitarismo tagarela ou moralizador dos períodos precedentes. E os reflexos da compartimentação são persistentes. Desse modo, a apresentação da missão da Igreja em três funções — evangelização-testemunho, serviço-auxílio mútuo, comunhão-liturgia — levou à classificação das atividades e das responsabilidades dos cristãos. A ação católica especializou-se na evangelização e no testemunho, deixando a outros as funções do serviço, da catequese e da comunhão. Como se os compromissos em uma associação de auxílio mútuo, na pastoral da saúde ou a preparação para o batismo não fossem uma maneira de evangelizar. Documentos oficiais recentes do episcopado francês[31] sublinham

---

[31] Ver: *La lettre des évêques aux catholiques de France* (Paris, Cerf, 1996), e sobretudo a *Pastorale sacramentelle* da Comission Épiscopale de Liturgie (Paris, Cerf, 1996). Nos documentos oficiais do episcopado latino-americano esta preocupação já aparece em Medellin (1968): "para ser sincera e plena, a eucaristia (e a liturgia de modo geral) deve conduzir tanto às várias obras de caridade e mútua

enfaticamente a necessidade de descompartimentação. A pastoral dos sacramentos, que compreende o momento de sua celebração, mas também a etapa anterior e posterior, "pode ser exercida e reconhecida como uma iniciativa autenticamente missionária".[32] Ela se encontra no âmago do trabalho de evangelização. Em uma sociedade secularizada, ela é, por excelência, a ocasião de uma proposição da fé a partir de um pedido formulado à Igreja. A acolhida cordial e fraternal e a caminhada podem revelar a presença do Espírito na existência concreta das pessoas. A Igreja oferece-lhes acesso aos grandes símbolos cristãos, em que elas podem encontrar uma dimensão "sagrada" ou "santa" de sua história e de sua humanidade e entrar no símbolo secular da fé, o dos apóstolos.

Talvez tenha chegado o momento de uma reflexão em profundidade sobre a liturgia como ação simbólica original. Os serviços de catequese e de catecumenato lhe dão novamente uma posição central. Como encará-la com um olhar novo para que ela garanta melhor, na sua lógica e nos seus limites, o serviço da fé e do Evangelho?

Em favor de celebrações evangelizadoras

Vivemos em uma época diferente da dos padres da Igreja, os séculos III e IV, e em outro contexto. As convicções que os guiavam, quando lançaram as estruturas da iniciação cristã, podem, no entanto, iluminar-nos. Enquanto entendemos a iniciação como iniciação aos sacramentos, cuja recepção pressupõe a compreensão de seu significado e a condição de fiel, para eles a iniciação na fé se operava por meio das ações simbólicas dos sacramentos. Os aspectos mais fortes e determinantes do Evangelho só podiam marcar o fiel por meio dos ritos, mobilizando o corpo, a sensorialidade e a sensibilidade. Certamente havia necessidade de esclarecimento e de

---

ajuda como à ação missionária e às várias formas de testemunho cristão" (Medellin, Liturgia). Puebla (1979) também manifesta esta preocupação da Igreja latino-americana: "qualquer celebração deve ter, por sua vez, uma projeção evangelizadora e catequética adaptada às diversas assembléias de fiéis [...]" (Puebla, 928).

[32] *Pastorale sacramentelle,* op. cit., p. 19.

doutrinação preparatória, mas as catequeses mais importantes, ditas mistagógicas — que introduziam o indivíduo no entendimento do mistério da fé —, ocorriam após o batismo, a unção do óleo perfumado e a eucaristia, durante a semana da Páscoa. Elas se apoiavam na experiência vivida na vigília pascal pelos catecúmenos, quando se despiram, foram mergulhados na água, ungidos com óleo santo e participaram da ceia eucarística pela primeira vez. Os ensinamentos então recebidos tocaram as profundezas de seu ser. As reações de hoje em dia, após certas celebrações, confirmam esse ponto de vista. A intensidade dos gestos simbólicos, a relevância de que subitamente se revestem em razão de uma palavra ou de um silêncio causam uma impressão profunda que elas mal conseguem explicar, mas que se torna indelével. As catequeses pós-sacramentais devem ser valorizadas.

Restituir consistência aos gestos e às coisas

Também é preciso restituir consistência aos gestos e às coisas. A cultura moderna nos impele a ir espontaneamente do abstrato ao concreto, das idéias às coisas, mas a ação simbólica funciona no sentido inverso. Funda-se, antes de mais nada, no concreto, em uma experiência sensorial, vivida por nosso corpo em sua relação com as realidades circundantes. Vai das coisas, dos gestos e das palavras rituais às idéias. Por si, essas palavras ressoarão de maneira tanto mais intensa quanto mais o gesto tiver sido consistente, pregnante e eventualmente anterior à sua enunciação. O que nossos ouvidos ouvem, o que nossos olhos vêem, o que nossas mãos tocam, o que nosso olfato respira, o que nosso paladar degusta — eis o lugar por excelência do nascimento da experiência simbólica. As ações litúrgicas mais simples são, desse modo, seqüências de gestos em que cada um pede para ser plenamente habitado. Fazemos da fé uma opinião ou convicções, e nos esquecemos de que ela também reside nas maneiras de nos mantermos corporalmente e de realizarmos os gestos diante de Deus, diante dos outros, diante dos objetos simbólicos de nossa fé... Não são nosso corpo e o que ele vivencia o lugar da fé e, portanto, o lugar primordial de toda evangelização? Celebrar bem, realizar bem nossos gestos litúrgicos não é também uma maneira de propor bem a fé? Nossas atitudes, nossos gestos, nossos espaços litúrgicos, nossos objetos, nossas músicas e nossos cânticos estão bem ajustados à fé que proclamamos?

Celebrar: uma experiência simbólica gratuita

Após o culto por dever e obrigação, após a celebração válida por sua utilidade mobilizadora e ideológica, talvez tenha chegado o momento de redescobrir a liturgia degustativa e gratuita. O salmo 33 diz bem: "Provem e vejam como o Senhor é bom," e não "compreendam...". É no âmago da assembléia celebrante que a fé proposta torna-se a fé "confessada", proclamada. Enquanto se ouvem as Escrituras e se degusta a Palavra de Deus, "mais desejáveis do que ouro... mais doces que o mel, que vai escorrendo dos favos" (Sl 18,11), abre-se a inteligência do coração, que se abrasa e se converte. Enquanto se parte o pão em memória dele, os olhos se abrem e se opera o desvelamento, o reconhecimento. Um reconhecimento que coincide com a ação de graças em que se toma parte. Com o coração e os olhos, abrem-se os lábios para o louvor. Momento epifânico e de pura ação de graças. De pura libertação de toda apreensão, de todo medo, de toda busca de lucro. Experiência de luz em que descobrimos as fontes de amor das quais haurimos nossa fé e nossa esperança. Experiência de um receber fundamental das mãos de um Outro que é pura graça e dom de si mesmo sem condições nem limites, para aprender com ele a viver toda experiência humana de oferenda, de dom, de perda de si, à imagem do Filho. Sem ela, a vida cristã pode reduzir-se a práticas morais indefectíveis, e a fé em verdades corretamente enunciadas.

> Não há nisso um sério risco de que, dissociado da vida litúrgica e sacramental, o anúncio da mensagem se transforme em propaganda, de que o compromisso dos cristãos perca seu sabor próprio e a oração degenere em evasão?[33]

O Vaticano II restituiu à liturgia toda a sua posição de fonte e de ápice da experiência cristã, permitindo ao povo cristão redesco-

---

[33] *La lettre aux catholiques de France*, op.cit., p. 91.

brir a sacramentalidade da assembléia — a Palavra de Deus como reencontro com Cristo vivo e alimento para o caminho —, participar da ação de graças e da comunhão. Mas não é em um dia que tal restituição pode suscitar uma prática comum significativa.

A regra do jogo simbólico

A ação simbólica supõe uma capacidade de transposição. Ela é simbólica porque joga com diversos níveis de significação ao mesmo tempo. Não se restringe à lógica do útil e do funcional, nem se mantém no sentido próprio e primeiro das palavras e das coisas, mas se desdobra no(s) sentido(s) figurado(s). Os elementos fundamentais — ar, terra, fogo, água — podem ser abordados em um primeiro nível, de um ponto de vista físico ou químico. Os utensílios estão a serviço da eficácia; o arco serve para apontar e matar a presa, a veste serve para aquecer, proteger o corpo; o alimento serve para assegurar a subsistência, a mesa para dispor as iguarias... Os gestos humanos são funcionais: andar para se deslocar, sentar-se para descansar, para escutar, para comer, pegar e levar objetos para tal necessidade particular...

Todavia, em uma celebração litúrgica, a água não se reduz a um elemento químico, a vestimenta é traje de festa ou de função, a mesa é, ao mesmo tempo, o altar para uma oferenda, o andar se torna procissão, a refeição é símbolo de outra refeição: é ceia mais de aliança do que de saciedade da fome corporal. Tudo isso supõe, por parte dos que celebram, a superação de uma abordagem puramente elementar e material, aprendizado e iniciação para que não permaneçam na acepção de base, mas aceitem reconhecer e contemplar o invisível no próprio núcleo do que vêem, o mistério de Deus no íntimo mesmo das palavras, dos gestos, das coisas, das pessoas.

Isso é inteiramente coerente com o essencial do mistério cristão. A água que lava e sacia, as mãos que acariciam, soerguem e curam, a caminhada do homem rumo à sua condenação e morte, uma palavra fraternal que liberta e perdoa, um pedaço de pão e um cálice partilhado, tantas realidades banais que, na fé, são os grandes símbolos cristãos, ao mesmo tempo visíveis e habitados pelo invisível. Os símbolos funcionam quase sempre em pares e adquirem sentido em relação àquilo que lhes é contrário ou diferente: a luz e as trevas, o dia e a noite, a morte e a vida, o homem e a mulher. É importante não isolar um único aspecto, mas colocá-lo em permanente relação com aquilo que lhe é contrário ou complementar.

Esse jogo e essa transposição de sentidos só se tornam possíveis na medida em que são associados a uma transposição corporal, gestual, em um espaço/tempo simbólico. Para isso, é necessário, quando se celebra, mudar de registro em todos os planos. O momento da celebração não é o das ocupações comuns: a data é fixada, a duração e o desenvolvimento são previstos. O lugar e o espaço da celebração são particularmente organizados. Quem segue uma procissão, lê um texto, proclama uma palavra ou leva um objeto, opera uma transposição de gestos, pois não está tomando um trem ou carregando uma mala, uma pá ou uma lâmpada elétrica.

A título de exemplo, damos em seguida algumas pistas de trabalho relativas ao uso da luz nas celebrações. São inúmeras as ocasiões de utilizá-la como símbolo: procissão do livro da Palavra, confecção de um feixe de luzes no momento da procissão das ofertas, acender uma luz sobre o altar, diante de um ícone ou um ramo, entregar uma vela para todos ou alguns em certas circunstâncias, para um batismo, na Páscoa. A luz será simbólica se fizer parte de um "agir" em que palavras, gestos, objetos e deslocamentos constituam um todo significativo.

UM EXEMPLO: O SÍMBOLO DA LUZ

Os objetos (círios, velas e castiçais)

- círios volumosos, decorados, como o círio pascal.
- velas mais comuns, como aquelas que são distribuídas aos fiéis na noite de Páscoa ou por ocasião de uma procissão.

- velas votivas, coloridas, mais adequadas para as crianças.

A vela pede um suporte, um castiçal, que deve ser bonito, talvez florido.

Se se pretender reunir as velas em um feixe de luz, deverão ficar bem apoiadas para que possam ser vistas de qualquer ângulo.

Os lugares

Contribuem para realçar a luz e determinar uma significação específica.

- Sobre o altar, lugar da presença, lembrará que Cristo é luz do mundo.

- Acompanhando o Evangelho, indicará que a Palavra de Deus é luz para nossa vida.

- Associada às flores, exprimirá a alegria da festa.

- Diante de um ícone ou do presépio, dará relevo à transfiguração de nossa humanidade.

- Mergulhada na água do batismo no momento da bênção da água, lembrará aos cristãos que, a exemplo de Cristo, eles têm a missão de ser luz para o mundo.

Os gestos

Sendo a liturgia um agir simbólico, a luz não se reduz a simples decoração.

Pode-se dar sentido ao gesto de iluminar, que se revestirá então de grande solenidade e deverá ser visto por todos. É o caso do círio pascal, que, mais do que simples luz, representa a transição das trevas para a luz, simbólica da passagem da morte para a vida. O ato de iluminar é, portanto, essencial.

Levar:

As luzes geralmente são levadas em procissão:

- em uma procissão de entrada; e

- em uma procissão de ofertório, para acompanhar as oferendas.

A maneira de avançar, de caminhar, de levar a luz, lhe dará uma dimensão simbólica, não utilitária. Um círio pascal deve ser levado com ambas as mãos, erguido para ser visto por todos. Uma vela comum, na mão, a luz ao nível do rosto, exprime a fé daquele que a leva. Já uma vela votiva deve ser levada na palma da mão expressando, sobretudo, a alegria interior do fiel. As crianças devem ser ensinadas para bem viver seu gesto e vivenciar os sentidos.

Mostrar:

Manter o círio fixo, a fim de que todos os olhos nele se iluminem, antes de entregá-lo ou de depô-lo.

Deposição:

O momento da deposição requer idêntico cuidado. A partir daí, essa luz comporta a riqueza de todas as mãos por que passou, dos olhos que iluminou, das palavras pronunciadas para investi-la de sentido. Deve-se evitar a banalização na maneira de passar a luz de mão em mão, no modo de colocá-la sobre seu suporte.

Dizer uma palavra:

Os gestos de levar, de mostrar, de depor a luz podem ser acompanhados de palavras que dão uma indicação de sentido em uma circunstância particular. Há que se ter cuidado para que a luz não funcione como um pretexto para a palavra, mas que seja eloqüente. Em suma, a palavra deve ser pronunciada nos momentos em que se mostra e se fixa o círio.

REFERÊNCIAS BIBLIOGRÁFICAS

Livros litúrgicos

IGMR: Instrução geral sobre o Missal Romano. In: *Missal Romano.* São Paulo, Paulus, 1973.

Ritual do batismo de crianças. São Paulo, Paulinas, 1999.

Ritual de bênçãos. São Paulo, Paulus, 1990.

Ritual da confirmação. São Paulo, Paulus, 1998.

Ritual de exéquias. São Paulo, Paulus, 1971.

Rituel de l'initiation chrétienne des adultes. Paris, Desclée-Mame, 1997.

Ritual do matrimônio. São Paulo, Paulus, 1993.

Ritual de ordenação de bispos, presbíteros e diáconos. São Paulo, Paulus, 1994.

Ritual da penitência. São Paulo, Paulinas, 2000.

Ritual da unção dos enfermos e sua assistência pastoral. São Paulo, Paulinas, 2000.

Obras que apresentam o conjunto da liturgia cristã

ADAM, A. *La liturgie aujourd'hui.* Brepols Turnhout, 1989.

CHAUVET, Louis-Marie. *Les sacrements.* Paris, l'Atelier, 1997.

DE CLERCK, Paul. *L'intelligence de la liturgie.* Paris, Cerf, 1995.

DI SANTE, Carmine. *La prière d'Israël.* Paris, Desclée Bellarmin, 1986.

GELINEAU, Joseph. *Dans vos assemblées.* Paris, Desclée, 1989. 2 t.

MARTIMORT, A-G. *A Igreja em oração.* Petrópolis, Vozes, 1988.

METZGER, Marcel, *Histoire de la liturgie.* Paris, Desclée de Brouwer & Cerf, 1994.

SCOUARNEC, Michel. *Pour comprendre les sacrements.* Paris, l'Atelier, 1991.

_____, *Vivre, croire, célébrer.* Paris, l'Atelier-Cerf, 1995. (Foi vivante n. 349.)

Alguns livros que tratam das questões abordadas

ALBERTON, Mario. *Un sacrement pour les malades*. Paris, Le Centurion, 1978.

CAHIERS ÉVANGILE n. 46. *Coeur, langue, mains, dans la Bible...*

Commission Épiscopale de Liturgie. *Pastorale sacramentelle. Points de repère,* n. 1, Paris, Cerf, 1996.

GONDAL, Marie Louise. *Initiation chrétienne*. Paris, Le Centurion, 1989.

LACROIX, Xavier. *Le mariage*. Paris, l'Atelier, 1994.

LECLERCQ, Jean-Pierre. *La confirmation*. Paris, Desclée de Brouwer, 1989.

LEGRAIN, Michel. *Le corps humain*. Paris, Le Centurion, 1978.

LÉON-DUFOUR, Xavier. *Le partage du pain eucharistique selon le Nouveau Testament*. Paris, Seuil, 1982.

QUESNEL, Michel. *Petite bible du baptême*. Paris, Nouvelle Cité, 1995.

RENIER, Louis-Michel. *Les funérailles*. Paris, l'Atelier, 1997.

REVUE CATECHESE n. 134. *La réconciliation*.

SCOUARNEC, Michel. *Présider l'assemblée du Christ*. Paris, l'Atelier, 1996.

VERGOTE, A., DESCAMPS, A. & HOUSSIAU, A. *L'eucharistie, symbole et réalité*. Lethielleux, Duculot, 1970.

VERGOTE, A. *Interprétation du language religieux*. Paris, Seuil, 1974.

ÍNDICE ANALÍTICO

Ação de graças, 62
Aculturação, 17
Água, 31-36
Alegoria, 12-13
Aliança, 76, 114, 134
Ambão, 77
Anamnese, 67
Anel episcospal, 98
Aspersão, 35
Assembléia, 69-74
Báculo pastoral, 98
Banho 35
Batizar, 35
Beber, 81
Beijo fraterno, 98
Bênção, 36, 81
Bispo, 87
Carisma, 90
Casula, 40
Cátedra, 98
Catequese, 29-30
Ceia, 80-81
Comer, 80-81
Comunhão, 84
Confissão, 105
Confusão, 135
Cores litúrgicas, 40
Corpo, 70, 84, 129
Cremação, 125, 127
Crescer, 47
Crismal (missa), 52
Cristo, 53
Cruz, 23-28
Dalmática, 40
Dia, 41-43
Diabo, diabólico, 30, 103
Diácono, 82, 97
Doença, 115
Dom, 61-62

Domingo, 45
Dualismo, 129
Epiclese, 68
Escuta, 78-79
Estola, 40
Eucaristia, 62-64
Evangeliário, 80, 97
Exorcismo, 103
Experimentar, 141
Fé, 28-30
Fogo, 54-60
Fração do pão, 84
Função simbólica, 131-133
Função social, 75, 88
Fusão, 75, 101, 133
Graça, 61-64
Ícone, 25-26
Iluminação, 44
Imaginário, 101
Inculturação, 17
Iniciação, 18, 50-51
Interculturação, 17
Intinção, 85
Jejum, 107
Lecionário, 79-80
Línguas, 56-57
Livros litúrgicos, 79
Lucernario, 57
Luto, 116
Luz, 40-46, 143
Mão, 96
Matrimônio, 109
Memorial, memória, 66-68
Missal, 79
Mistagogia, 140
Mistério, 24-25
Mitra, 97
Morte, 123
Nascer, 21

Noite, 41-44
Oferenda, 61-62
Óleo, 51-52, 98, 119-120
Óleo (santo), 52-54, 98
Ordenação, ordem, 87
Palavra, 75-77
Pão, 70-86
Papéis, 88
Parábola, 12-13
Pecado, 102
Pele, 116, 132
Penitência, 35, 107
Perdão, 101-104
Perfume, 52-54
Presença real, 64
Profeta, 73-74, 89
Real, 101
Reconciliação, 101
Reencarnação, 124, 129
Rei, 89
Renascer, 22
Ressurreição, 125
Rito, 15
Ritual, 175
Rosto, 26, 43
Sacerdócio, 90-92
Sacrifício, 62
Sentido, 129-130, 133
Signo, 13
Símbolo da fé, 28-38
Símbolo: definição, 9-12
Sofrimento, 115
Trabalho, 82
Unção, 53, 98, 119-120
Ver, 41
Vestes, 36-39
Viática, 126
Vinho, 80-81
Xeol, 124

SUMÁRIO

Prefácio 7
Introdução: o que é um símbolo? 9
Observações preliminares e chaves de leitura 12
Este livro não é um dicionário de símbolos 12
Signo e símbolo 13
Símbolos e ritos 15
Os símbolos entre natureza e cultura 17
Os símbolos cristãos enraizados na ritualidade humana 17
A iniciação cristã 18

Capítulo 1 – O batismo 21
Experiências simbólicas 21
Símbolos e ritos 23
A cruz 23
    Na vida cotidiana 23
    Na Bíblia 24
    Na liturgia e na oração 26
O símbolo da fé 28
    Na vida cotidiana 28
    Na Bíblia 28
    Na liturgia e na oração 29
A água 31
    Na vida cotidiana 31
    Na Bíblia 33
    Na liturgia e na oração 35
As vestes 36
    Na vida cotidiana 36
    Na Bíblia 37
    Na liturgia e na oração 38
A luz 40
    Na vida cotidiana 40
    Na Bíblia 42
    Na liturgia e na oração 44

CAPÍTULO 2 – A CONFIRMAÇÃO 47

Experiências simbólicas 47

Símbolos e ritos 51

O óleo 51

   Na vida cotidiana 51

   Na Bíblia 51

   Na liturgia e na oração 52

O fogo 54

   Na vida cotidiana 54

   Na Bíblia 55

   Na liturgia e na oração 57

CAPÍTULO 3 – A EUCARISTIA 59

Experiências simbólicas 59

Símbolos e ritos 69

A assembléia 69

   Na vida cotidiana 69

   Na Bíblia 70

   Na liturgia e na oração 71

A Palavra de Deus 75

   Na vida cotidiana 75

   Na Bíblia 75

   Na liturgia e na oração 76

O pão e o vinho para a ceia de comunhão 80

   Na vida cotidiana 80

   Na Bíblia 81

   Na liturgia e na oração 83

CAPÍTULO 4 – CARISMAS, MINISTÉRIOS E ORDENAÇÕES 87

Experiências simbólicas 87

   Na vida cotidiana 87

   Na Bíblia 88

Símbolos e ritos 93

   Na liturgia das ordenações 93

CAPÍTULO 5 – A RECONCILIAÇÃO E O PERDÃO 99

Experiências simbólicas 99

   Na vida cotidiana 99

   Na Bíblia 101

Símbolos e ritos 104
   Na liturgia, na oração e na vida 104

CAPÍTULO 6 – O MATRIMÔNIO 109
Experiências simbólicas 109
   Na vida cotidiana 109
   Na Bíblia 111
Símbolos e ritos 113
   Na liturgia 113

CAPÍTULO 7 – A UNÇÃO DOS ENFERMOS 115
Experiências simbólicas 115
   Na vida cotidiana 115
   Na Bíblia 117
Símbolos e ritos 119
   Na liturgia e na oração 119

CAPÍTULO 8 – LITURGIA POR OCASIÃO DA MORTE DE UM CRISTÃO 123
Experiências simbólicas 123
   Na vida cotidiana 123
   Na Bíblia 124
Símbolos e ritos 125
   Na liturgia e na oração 125

CAPÍTULO 9 – O SIMBOLISMO DO CORPO 129
O corpo, lugar privilegiado da experiência simbólica 130
A função simbólica 131
Educar os sentidos para orientar o sentido 133
A função simbólica e a fé 134
O corpo de Cristo 135

CAPÍTULO 10 – A LITURGIA, UMA AÇÃO SIMBÓLICA 137
As preconcepções que nos marcam 137
Em favor de celebrações evangelizadoras 139
Restituir consistência aos gestos e às coisas 140
Celebrar: uma experiência simbólica gratuita 141
A regra do jogo simbólico 142

Referências bibliográficas 146

Índice analítico 148

Impresso na gráfica da
Pia Sociedade Filhas de São Paulo
Via Raposo Tavares, km 19,145
05577-300 - São Paulo, SP - Brasil - 2004